星に
なっても

岩内章太郎

講談社

星になっても

はじめに

父は、二〇二三年二月七日、札幌で病死した。七十歳を迎える誕生日だった。私は当時三十五歳で、家族と一緒に愛知県豊橋市で暮らしていた。父の病気は骨髄異形成症候群という難病で、しかも完治が難しい種類のものだった。

一年の闘病生活のなかで、徐々に弱っていく父の姿を見て、覚悟を決めた——つもりだったのだが、いざ母から訃報を伝えられると、私はそのことを受け止められなかった。辛うじて維持していた生の気力が底をついたようだった。ちょうどそのとき、群像編集部からエッセイの依頼がきた。それで、私は父のことを書くことにした。

この本は、父の死の直後から一ヵ月に一回のペースで、文芸誌『群像』に連載したエッセイをまとめたものである。時系列に並べているので、私の置かれているその時どきの状況（葬儀、四十九日、初盆、一周忌、等々）が分かり、全体を通して読むと、少しずつ心境が変化していく様子も見ることができる。とはいえ、それぞれは独立しているので、どこからでも読める構成になっている。

途中、「死と孤独」シリーズが三つ挿入されている。これは他のエッセイとはちょっと性質が異なるかもしれない。私は哲学を専門にしているので、その観点から死を考察したものだ。なるべくかみ砕いて書いたつもりだが、もし難しく感じたら後まわしにしてもいいし、逆に、（哲学に興味のある読者は）このシリーズだけを抜き出して読んでもおもしろいかもしれない。

また、最後には、「訃報を待つ」という短いエッセイが収められている。これは連載が始まる前に書いたものなので、本来、時系列では最初に来るべきなのだが、あえて最後に置いた。現在の私の心情として、この場所が最もしっくりくると感じたからだ。たぶん、死は何度も始まるし、いまも私は訃報を待っている。

この本に綴られているのは、私の個人的な体験である。父が病気に罹り、闘病が始まった。私は訃報を待ち、父の遺体を焼いた。それから、父のいない世界で生きることになった。それぞれの具体的なエピソードは私と一部の人間にしか共有されていない。けれど、近しい人の死を経験した／経験しようとしている人がこの本に出会ったとき、少しでも気持ちが楽になったり、考えが整理できたり、何かのきっかけになったとしたらうれしい。

愉快なことではないかもしれない。せっかく忘れていた記憶に連れ戻されることになるかもしれない。でも、生きている限り、死を避けることはできない。私は、この当たり前の事実を、死にゆく父に教えられた。

目次

1　十円玉と骨

父の死をライトモチーフにして何かを書き始めようとしている私を見たら、父はどんな顔をするだろう。おそらく、こんな感じのやり取りになる。


「父さんが死んだことを書いてもいいかな」

「書くってお前、どこに書くのよ」

「群像」

「群像？　何か書くことになったのか」

「うん、連載になると思う」

「……まぁ、いいんじゃないのか」

そう言って、父はちょっと誇らしげに、鼻を膨らませて笑う気がする。読書家の父は、文学贔屓で、息子贔屓。私の活躍を誰よりも喜んでくれる。自慢の息子が『群像』に書くのなら、とやかく言うまい。「いや、あんた、それでいいのかい」と、母の声までしてきそうである。

しかし、すでにこの世界にいない父の顔を見ることはできないし、父の声を聴くこともできない。こうして頭の中で話すことができるのは、私の中で父が生きているからなのか。それとも、決して現実化することのない可能性が永遠に宙吊りのままとどまるという、このどうにもならない事態こそが、父の死の動かしがたさを示しているのか。私にはどうにもまだ分からない。

それでも、数ヵ月前に死んでしまった父のことを書いてみることで、少しずついまの状況を受け入れられるようになるかもしれない。もしかしたら、死の意味についても、ちょっとは理解が深まるかもしれない。そもそも私が哲学の道に入ったのは、人はみないつか必ず死ぬという当たり前の事実が嫌だったからなのである。

「そんな甘いものではないんじゃないか」と、今度は父の声がする。そんな甘いものではないんじゃないか、と、私も思う。

いずれにせよ、これは私自身の哲学の始まりに戻る筆になりそうである。

ビーフ重を二つ

火葬場で食べる弁当を決めなければならない。何人くらい来そうなのかもよく分からないし、すでにみんな疲弊していて、考えるのも確かめるのも億劫だった。そんな時、葬儀屋から出された冊子をパラパラ見ながら、弟が「俺はビーフ重にするわ」と言った。こうやって、弟はいつも我が道を突き進んでいくが、そういう堂々とした自己主張は、むやみに周囲に気を遣う私よりも、かえって場を和ますものである。そういえば、その日の昼食も、弟は一人、鰻重を食べていた。私はそんな弟に助けられたことが何度もある。

しかし、老人が集まる一族の葬儀で、ビーフ重を食べる気力があるのは、多くても数人。しかも、そのビーフ重は紐を引くと湯気が出て温まるタイプのもので、階下で父が焼かれながら食べるものとして相応しいのかも微妙。だが、それぞれが絶妙にうまくないおかずが詰まった弁当より、じつは私もビーフ重が食べたかった。よく言ってくれた、と、心の中で思った。

「俺もビーフ重にする」。母は呆れた顔で私たち兄弟を見た。同じ部屋の少し離れた場所で屍となっていた父も、この期に及んでの私たちのやりとりを聞いて、きっと呆れていたにちがいない。死体に口なし。いや、死体を見るたびいつも感じるのだが、何となく耳はあるような気がする。

結局、弟と私はビーフ重、他の親族は幕の内弁当。故人に近い兄弟がちょっと高いビーフ重を食べるなんて、と、批判的に見る老人もいるかもしれない。でも、大丈夫。弟がついている。何か言われても、弟が無言で睨みつけて事なきを得るだろう。弟の身長は一八五センチ、体重は九〇キロ近くあるのだ。私はその陰に隠れていればいい（私も同じ体格なのだが）。もちろん、父を失った兄弟に、そんなことを言える親族はいないのだけれど。

火葬場に移動するためバスに乗り込んだとき、葬儀屋の担当者が、バスに積んだお弁当の数を伝えてきた。お弁当の数と火葬場に行く人数を合わせなければならないからだ。お弁当が足りなければ、火葬場で蕎麦などを食べることもできるらしい。「もちろん、ビーフ重も二つ積みました」と担当者は言った。柩の蓋が閉められた後のかなしみと兄弟の食欲のシンボルであるビーフ重という、何とも言えないちぐはぐがおかしく、私は取り返しのつかない喪失を抱えながら不謹慎にも笑ってしまったのである。

十円玉を焼く

北海道には妙な風習がある。湯灌の儀式の際、柩に十円玉を入れるのである。そうして、火葬後の収骨のときに、焼け残った十円玉を拾い、以後、財布などに入れてお守り代わりに身につける。おそらく三途の川の渡し賃である六文銭と関係があるのだろうが、詳しいことは分からない。それに、これが北海道だけのものなのか、それとも、他の地域でも同じようなことをするのかも知らない。が、横浜出身の妻は、十円玉を入れたりはしない、と言っていた。

私は父方の祖母の葬儀でも同じことを経験していたから、そういえばそんなこともしたな、と、当時のことを思い出し、財布を開けてみたが十円玉がなかった。しかし、その場にいた親族が十円玉を持ち寄ってわらわらと集まってきたので、私の分も任せることにした。焼け残らないこともあるので、多めに入れたほうがいい、と、誰かが言った。これだけあれば、私の分もありそうである。

いまになって考えると、この風習は大丈夫なのか、という疑問もある。というのも、日本では「貨幣損傷等取締法」という法律があり、そこでこう規定されているからである。

（一）貨幣は、これを損傷し又は鋳つぶしてはならない。

（二）貨幣は、これを損傷し又は鋳つぶす目的で集めてはならない。

（三）第一項又は前項の規定に違反した者は、これを一年以下の懲役又は二十万円以下の罰金に処する。

十円玉を故意に鋳つぶして、何かを作ろうとしているわけではないものの、柩の十円玉が焼け残らないこともあるわけで、これは父の身体を焼くついでに、十円玉を高温で鋳つぶしているのと変わらない。どちらにしても、十円玉の損傷は免れえまい。実際、私が持っている二枚の十円玉には、かなりの変色や変形が見られる。とはいえ、これが違法だったとしても、葬儀の後の懲役はきついだろう。葬儀の費用は莫大だから、罰金はもっときつい。

私は法律家ではないので、この法律がどのように運用されているのかは知る由もないし、もしかしたらこの法律はすでに形骸化しているのかもしれない。だとしても、葬儀屋や納棺師がこの法律を知らないことは考えにくいわけで、とにかく故人との関係を守ってあげるために北海道の妙な風習を優先している、とも感じられる。火葬場で収骨を手伝ってくれる人も当たり前に十円玉を探すのだから、いわばみんなグルである。

身も蓋もない話にはなるが、科学性や合理性の観点から考えるなら、死をめぐる一連の儀式はほとんど無意味である。どうせ燃えてなくなるのだから、死装束に着替えさせる必要はない。坊主の経もローカルな物語にすぎず、時間の無駄である。戒名もお墓も不要。大体、戒名によって値段が異なるということ自体、死後の身分を金で買っているようなもので、おかしいではないか。死んでしまった人間はなるはやで焼いて、その後で、どこかに散骨してしまえばいい。それが一番効率的だし、きちんと焼けば保健衛生上も問題ないはずである。たぶん。小さな寺は潰れてしまうだろうが、仕方ない。

だが、ふつう、そうはいかない。晴れやかな早朝に、近所のおばあさんが先立った夫の骨を庭に撒いていたら、私たちは絶句してしまう。死は一連の禁止線に囲われていて、だからこそ、それは私たちの日常に簡単に侵入してこないようになっている。聖と俗、ハレとケ、どんな区分でも構わないが、どうやら私たちは科学的であることや合理的であること以外の秩序を必要としているらしい。だから、この文明化された日本で、ほとんどの人間は、不合理な合理主義者として振る舞わざるをえないのだろう。とりわけ、死にかんしては。

貨幣損傷等取締法を遵守しつつ、それなりの仕方で北海道の風習を残す道はある。たとえば、十円玉に模した金属製の品を作って入れることもできる（あまり精巧にやりすぎると今度は別の法律に引っかかりそうではあるが）。あるいは、火葬場を離れる際に、お土産代わりに十円玉を袋に入れて持たせることもできそうである。

ところが、正真正銘の最期、父の遺体と一緒に焼かれた本物の十円玉であること――この事実がないとしたら、私は半年も経てばそれをどこにやったのかを忘れてしまう気がする。もしかしたら、それと分かっていても、小銭が足りないときに出してしまうかもしれない。たとえば、大好きなハンバーガーを買うときなどに。天国の父さんも喜んでいるわ、と、訳の分からないことを言いながら。

幼い父と散歩する

本当に焼かれた本物の十円玉だからこそ、祖母のも父のも大切にしまってある。いま、二つの十円玉は机の引き出しの中にある。もちろん、鍵付きである。そういえば、祖父は、父がまだ幼いころに亡くなっていて、父はよく「片親」や「ひとり親」という言葉を口にした。いつもテレビに向かって文句ばかり言っているくせに、シングルマザーの貧困のニュースにだけは妙な共感を示していたことを覚えている。父と祖母の間には、私には分からない母子《ははこ》の紐帯があったはずだ。

父には兄と姉がいて、末っ子である。だから、特に可愛がられていたのだと思う。祖母が死んだとき、父は柩の横に布団を敷き、「ばあちゃんと寝る」と言って、祖母の屍と一緒に眠った。母はその光景を見て、ちょっとぎょっとしたと言っていたが、私には気持ちが何となく分かった。口には出さなかったが、人一倍苦労して自分を育ててくれた母（祖母）と過ごす時間が、最後に欲しかったのだろう。

父の通夜の晩、酔った伯父がこんな話をしてくれた。祖父が死んですぐに、それまで住んでいた社宅を出なければならなくなり、親戚の伝手を頼りにして移り住んだ家は札幌の宮の沢の外れにあった。バス停のある札樽道からは一キロ弱離れていて、バラックに毛の生えたような家だったらしい。住み始めた当初は電気すらも通っておらず、ランプで生活していたという。当時は北電に頼んでも電柱を立てるのにはお金がかかり、結局、祖母がしばらくかけて自費で負担して電気を通してもらったのである。要は、『北の国から』の世界だ。

北海道の冬は厳しい。冬が深まってくると、ほとんど毎日、雪が降り積もることもある。夜にしんしんと雪が降ると、朝には辺り一面真っ白の雪景色である。そういうときでも、祖母は仕事に出てしまう。三人はバスに乗って手稲中央小学校に行かなければならない。しかし、見渡す限り雪だらけ。すると、まずは、長男の伯父が雪の原に足跡をつける。その後、伯母が踏み固めて道をつくる。そうして、最後に小学校に入ったばかりの父がついていく。こうやって、自分たちで通学路をつくりながら、冬は三人で一列になって登校していたんだよ、と、伯父は笑いながら話した。

こういう誰にも語られていないであろう父の人生の記憶が、どこかにたくさん埋まっているにちがいなかったが、それをすべて見て回ることはもうできそうにない。父はその秘密と一緒に消えてしまった。父との思い出は私が記憶しておけばいい。が、記憶の中の父の記憶にアクセスすることは、私には許されていない。父のことを語る人びとも、やがていなくなるだろう。そういう私も同じ運命にある。

こんな喪失の予感をかかえながら、ときどき私は、父の幼少期の姿を自分の息子に重ねてしまう。息子を抱っこしていると、まだ小さな父を抱っこしているような気分になるのだ。

夕方、息子の手を握って散歩に出かける。しかし私にとってその出来事は、幼い父の手を握りながらの散歩でもある。ちょっとどうかしているのかもしれない。でも、生きて死んでいくことの不思議、その全体に対する直観みたいなものが、そこに働いているのは確かである。

いまの私を見たら、父は何を言うだろう。私が経験している不思議な錯覚を、いつかの父が私に感じたことはあるのだろうか。私と手をつなぎながら、幼い祖父と散歩したことはあるのだろうか。それとも、これはやっぱり私だけの個人的な体験にすぎないのか。

「お前、ちょっと頭が変になったんじゃないのか」と口では言いながらも、父の表情の中に、私に対するある種の共感を見出せそうな感じもする。それは変人同士のシンパシー。訊いてみたい。それができない。十円玉は何も応えない。

弟、骨を砕く

骨壺に収めるために、骨を砕かなければならない。粉骨である。あれは、いい気持のしない作業だ。納棺師が父の身体を触りながら、「骨太ですね」と、冗談交じりに言っていたが、人によって骨量は異なる。たとえば、焼き終わった後で、火葬場の担当者が骨を目分量で確認して、もし入らなそうだったら、骨壺の大きさを臨機応変に変えてしまえばいいのに。現代の技術を用いれば、事前に確認することだってできそうである。

とはいえ、たしかに大腿骨などは多少砕く必要があるだろう。そのまま入れようとしたら、人によってはかなり大きな骨壺になる。私は一八五センチ。しかも、ラグビーをやっていたから、おそらくそれなりの大腿骨である。頭も大きいから頭蓋骨もでかい。その大腿骨や頭蓋骨を入れるための、あまりにも大きい骨壺を、私の息子が二人がかりで持って運んでいく光景は、想像しただけで滑稽である。妻がそこにいたら、思わず笑ってしまうにちがいない。死別のかなしみにフィットする大きさというものがあるのかもしれない。

話を戻そう。父の骨を収めなければならない。骨を砕くための棒が用意されていて、それを使って骨を粉砕していくのである。ふつう、故人に近い親族が担当するらしいので、やはり私がやらないといけない。私は、骨になった父を前にして、父が祖母の骨を砕いていたことを思い出していた。これも供養なんだ、と、自分に言い聞かせる。

寝ずの番も供養だし、酒を飲むのも供養になる。しかし、いまでは火を使わないＬＥＤ式の線香があるし、若い人は何を言われても酒を飲まない。まさか葬儀の席でアルハラを申し立てられることはないだろうが、意味不明な儀礼よりも、個人の意志が尊重される時代である。何とか粉骨の役回りをかわすことはできないだろうか。しかし、故人の遺志というものもあるだろう。他の人間にやられるよりは、私にやってほしいはずである。

とにかくやってみよう。私が恐る恐るやり始めたまさにそのときである。「そんなんじゃ全然入らんぞ」と、横から弟が出てきた。私の手の棒を取ると、弟はまるで親の仇のように骨を潰していく。あまりにも力いっぱいやるものだから、骨の粉が宙に舞い、私はそれを吸い込んでしまわないか不安になったくらいである。迷わずガシガシ嫌な労働を進めてくれる。

私はその光景を見て、流石だと思った。親の骨をあんな力とスピードで、しかも悲しみの中で砕ける人は、日本中を探しても見つかるまい。いわば全国屈指の粉骨師。これがビーフ重を一息で平らげてしまう弟の凄味である。私は、心の中で、頼む、もうお前しかいない、と呟いた。どうにもならない状況に置かれた一般人が、スーパーマンに託す願いである。

弟の奮闘（粉闘？）で無事に収骨が終わり、私は骨壺を持って帰りのバスに乗り込んだ。それはまだ温かくて、冷たくなった父の身体に命が吹き込まれたのではないか、と思った。父が死んでから、初めて父の体温に触れられた気がした。それで、とてもかなしくなった。

父が死んで、焼け残った十円玉と骨。十円玉は変色し、骨は粉々になってしまった。いま、父はどこにいるんだろう。父がいないこの世界で、私は後、どのくらい生きていくのだろう。とにかく一生懸命やってみれ、と、いつかの父の声を聴く。

2 死んだらどうなるの

父が死んでから、息子は死について話すようになった。特に夜、就寝の直前に死の話を切り出してくることが多いのは、夜と眠りと死のイメージが、三歳の心でどこか重なるからなのかもしれない。

私に三歳の頃の記憶はほとんどないが、小学校高学年の頃、人はどうして死んでしまうのか、人は死んだらどうなるのかがどうしても気になってしまい、手当たり次第、先生や両親や友達に訊いてみたことがある。自分が死ぬのも怖ろしかったが、両親が死んでしまうのはもっと怖ろしかったのだ。

しかし、答えは三者三様。天国に行くという人もいれば、煙草のようにただ燃え尽きるのだという人もいれば、そんなこと考えてたら頭が変になるよという人もいた。私はどの答えにもそれなりに納得してしまったが、答えが一つに定まらないことの中に、生きて死んでいくことの不思議と秘密が隠されているような気がした。

中学生になっても、死への不安と好奇心は解消されず、札幌の中央図書館でウパニシャッドやエジプト神話の本を借りて読んでいた。私たちはどこから来て、どこへ行くのか……。これが何よりも優先すべき大問題だったのである。いわゆる悪性の中二病だ。

転機になったのは、父の本棚にあったマルティン・ハイデガーの『存在と時間』。何気なく手に取ったその難解な本の内容は意味不明だったが、死をテーマに書いてあることだけは目次を見れば分かった。父に訊ねると、「哲学」の本だという。とにかく哲学の道に進めば、死をいくらか知ることができるかもしれない。というよりも、哲学という場所では、死を大いに語ることが許されているらしい。こんな幼い直感が私を哲学の道に誘ったのである。

以来、色々と回り道はしてきたが、哲学を続けている。両親、義父母、弟夫妻、友人、先輩、編集者、恩師、妻と息子、それから猫のシェーラー。ここまで頑張ってこられたのは、周囲の人びと（＋猫）のおかげである。シェーラーはタイピングの音を聞きながらいつも隣で寝ているが、それだけで有難がられるなんて、猫はやっぱり只者ではない。

でも、死についてはあまり考えを進めることができていない。いや、正確に言うなら、死をテーマにした本はだいぶ読んできて、それなりに哲学者ぶっていた矢先に父が死んで、結局、「振り出しに戻る」という指示を受けたところなのである。

私は死についてあの頃から何も考えを進めることができていない。父が死んで、途方に暮れて、私はつくづくそう思った。いま、私は息子が待つスタート地点に戻ってきたのである。「どうして人は死んじゃうんだろう」と彼はいう。まったくその通りだ、と、私も思う。

神話と哲学

哲学の入門講義をするときには、決まって神話と哲学の違いから話を始める。これはほとんど師匠の竹田青嗣からの受け売りなのだが、世界説明の方法が神話と哲学ではまったく異なるのだ。神話との比較によって、哲学的思考の真髄を示して見せよう、という魂胆である。

おおまかに言えば、こんな具合の話になる。まず、初めに神話があった。ギリシアでもエジプトでもインドでも、古代の共同体にはそれぞれ固有の神話がある。ギリシア神話、エジプト神話、インド神話……。誰もが一度は耳にしたことのある言葉だろう。神話の役割は多岐にわたるが、その一つは、宇宙の成り立ちを解き明かすことである。

宇宙がどのように誕生して、その後、いかなる出来事が起こって、現在の秩序が生まれたのか。神話はこのことを時系列で説明する。そうして、その共同体を含む宇宙全体についての理解を人びとにもたらすのだ。それは、宇宙における自分たちの地位を知ろうとする人間の自己理解の一形式である、と言ってもよいだろう。大昔から人間は、自分たちが何者なのかを知りたかったらしい。

たとえば、ギリシア神話の古典、ヘシオドス『神統記』を読めば、最初にカオス（混沌）が生じて、次に他のさまざまな神々が生まれて宇宙に分節がつくりだされ、最後にゼウスが凄惨な戦いの末に勝利し、宇宙に秩序をもたらす様が描かれている。つまり神話は、この世界の誕生と生成の秘密を、神々を主人公にして語り聞かせる。まさに神（々）の織りなす「物語」なのだ。

では、哲学はどうするか。キーワードは「原理」である。ヨーロッパ哲学における最初の哲学者タレスは、万物の始源は「水」である、と考えた。彼は、熱が水から発生することや、水が植物や動物の生を維持するのに必要不可欠であることを見て取り、そこから推論を働かせて、水を根本原理にして世界の一切を説明しようとする。

言語によって水の呼び方は異なるとしても、およそ存在するものが水によって説明されうるかどうかなら、どの宗教共同体に属している人にも確かめることができるだろう。逆に、物語の形のままでは、その物語を信じるかどうかだけが決め手となってしまい、どこまで行っても、神々の戦いを回避することはできない。

ここに神話に対する哲学の優位が生じる。宗教的世界説明の限界を突破するために、哲学は普遍的原理の言語ゲームとして登場してきたのだ。とりわけ、哲学的思考は、多様性を越える普遍性をつくっていこうとする場合には、とても重要かつ有効である。それゆえ、哲学は科学的思考の端緒でもある。

大体、こんな感じの話をすると、信仰を持たない学生はしたり顔で納得しているが、キリスト教やイスラム教や他の宗教を信じている学生は何となく違和感を覚えるようだ。しかし、哲学は宗教を否定しているわけではなく、むしろさまざまな宗教の共存を可能にする条件を普遍的な仕方で考えようとしている、という説明を追加すれば、ほとんどの学生は哲学の方法の特色を理解できるようになる。

自然科学の恩恵に与りすぎているこの社会で、科学的思考を全面的に拒否することはほぼ不可能に近い。もちろん、科学は絶対化されるようなものではなく、科学を健全に相対化することも哲学の仕事である。それでも、神話（物語）では到達できない地平を哲学（科学）が切り拓いてきたという事実は動かせない。

ところで、こういう出来レース的な流れのとき、口には出さないが思うことがある。それは、哲学にできなくて宗教にできることは何だろう、というものだ。もうちょっと一般化すれば、物語の力って何だろう。これである。ぼんやりと「魂の救済」みたいなワードが頭に浮かんではくるが、哲学の講義を続けるためには、そんなとりとめのない想念に構ってはいられない。こうやって、その場しのぎのことをしているから、いつまでもこのテーマが深まらないのだろう。が、最近、ちょっと状況が変わってきている。

お星さまになったクロちゃん

幼稚園で飼っていた黒山羊のクロちゃんが死んだ。幼稚園に入る前から、月に一度の園庭開放があると、私たちはキャベツやニンジンなどを持っていき、クロちゃんにご飯をあげていた。当時、他の子どもと遊ぶのはあまり得意ではなかった息子が、園庭開放に行くことができていたのは、クロちゃんの存在が大きい。入園した後も、園で飼っている動物たちにご飯を持っていくのが楽しいらしく、初めて経験する人間関係のストレスを軽減したのは間違いない。

だから、クロちゃんがいなくなったのは、私たち家族にとって大きなショックだった。とりわけ息子は、クロちゃんが死んだという事実をうまく受け止められないらしく、どうしてクロちゃんは死んでしまったのかを何度も訊いてきた。ちょうどその頃、テレビで肉食動物が草食動物を捕食するシーンを見て、自分はこのテレビを見たくない、とも言った。生活のさまざまな場面で、死が不気味に浮かび上がってきたのである。

どうしてクロちゃんは死んでしまったのか。このことなら、比較的楽に、しかも事実に即して、答えてあげることができる。クロちゃんはもうおばあちゃんで年を取っていたし、それに病気だったんだって。こうして何度も同じように答えてあげているうちに、少しずつ納得していく。さみしさは消えないとしても、子どもなりにそれを理解するようになる。

死んだらどうなるのか、という質問は手ごわい。死んだら焼いて骨になる。これは嘘をついていないし、誰でも確かめて納得できる科学的な説明だ。でも、死を初めて経験している三歳の痛みにこんなことを言っていいのか。いやしかし、妙な物語をでっちあげて語り聴かせるよりも、端的な事実だけを言ってあげた方が、この令和の時代の子どもは納得するかもしれない。普段は哲学の優位を大声で述べ立てている私も迷子になってしまい、こりゃ哲学だけじゃだめだな、と、つい思ってしまうのである。

ある朝、息子を幼稚園に送りに行ったときのことだ。園の東門のところで待っていた先生に、クロちゃんは死んでどうなったの、と、息子が例の手ごわい質問をした。どう答えるのだろうと思って待っていると、先生は息子の目をじっと見て、「クロちゃんはお星さまになったんだよ」と、優しく頭を撫でた。不安そうな顔が少しだけ明るくなった。

なるほど、やっぱり。死別のかなしみや不安に寄り添って、それをどこかに導いてあげようとするなら、きっと物語や音楽が適している。正しい理屈だけがすべてではない。相手が小さい子どもなら、なおさらだ。

そういえば、魂の不死が主題となっているプラトンの『パイドン』でも、物語は重要な役割を果たしている。そもそも、この本の構成そのものが対話篇という物語形式なのだが、それだけではなく、ソクラテスの最期は死後の世界の神話的描写によって締めくくられているのである。

死刑執行の当日、ソクラテスは弟子たちと魂の不死について対話する。死ぬ間際までそんなことを議論しているのだから、かなりやばい奴らである。イデアと同様、魂は永遠不滅。死は肉体の牢獄からの解放であり、死ぬことで魂はその純粋な姿に還帰するのだという。それゆえ、感覚の欺きを注意深く避けて、純粋な思惟を駆使してイデアを捉えようとする哲学者は、日頃から死ぬことを練習している、とさえ言える。だから、ソクラテスは死を怖れない。ぶっ飛んでいるが、妙な説得力を持つ議論である。

ところが、興味深いことに、魂の不死の証明が済んだ後、ソクラテスは自らが信じる死後の世界の姿について語り出し、こう述べているのだ。

さて、地下世界に関する以上の話が僕が述べた通りにそのままある、と確信をもって主張することは、理性をもつ人に相応しくはないだろう。だが、魂がたしかに不死であることは明らかなのだから、われわれの魂とその住処についてなにかこのようなことがある、と考えるのは適切でもあるし、そのような考えに身を托して危険を冒すことには価値がある、と僕には思われる。――なぜなら、この危険は美しいのだから――（プラトン『パイドン』岩田靖夫訳）

死後の世界（地下世界）が本当にそうあるのかを証明することはできない。理性的な人はこの話を鵜呑みにしないだろう。誰にも確かめられないからだ。それゆえ、死後の世界の物語に身を托すことは、理性にとって危険である。端的に言えば、それは物語への退行になりかねない。しかし、この危険を冒すことには価値がある、と、ソクラテスは言う。

真と偽の二項対立で考えるなら、物語はどうしても偽に分類される。それはおとぎ話やフィクションにすぎない。そう言って、理性はそこから立ち去ってしまうのだ。でも、これを美と醜のカテゴリーで見てみるなら、死後の物語は危険だが美しいものとして現われてくる。死の定めにある人間の心が――それが真理かどうかは分からないとしても――信じてみたくなるもの。実際には経験できないからこそ、そこに想像力が働き、美的に誘惑する力を物語に与えるのである。

それはきっと、人間の生の中に、単なる事実だけではあまりにも冷酷な場面があるからだ。クロちゃんは死んで、星になった。そして、天上から私たちを見守ってくれている。それを信じることを理性は拒むかもしれない。しかし、クロちゃんの物語は息子の心を明るく照らす。これはきっと物語にしかできない。

科学の逆襲

息子には生後半年頃から一緒に寝ているクマのぬいぐるみがいる。名前はクマ・ゴロウ。一応、姓がクマで、名はゴロウである。私たちはクマゴロウと呼んでいる。いまとなってはあまりやらなくなったが、しばらくはクマゴロウの鼻を触りながら眠るのが習慣だった。夜泣きのとき、クマゴロウの姿を見ると少し気分が落ち着いていたし、朝起きると、いまもクマゴロウを抱えて歩いてくる。クマゴロウは親友である。

ウサギ・ピーターもいる。長男は昔からピッピと呼ぶので、私たちもピッピと呼んでいる。クマゴロウとピッピは一緒に家にやってきて、初めは対等に扱われていたのだが、いつの頃からかピッピの身分は低くなった。クマゴロウに比べると、ピッピの扱いはかなり雑である。たまに思い出したように、ピッピはどこにいるのかを聞いてくるが、やはりクマゴロウがいれば、それでよいのだろう。いつも一緒なのはクマゴロウである。

クロちゃんと父が死んでから、夜に息子は死の話をする。死んだらどうなるの、星になりたくない、と、突然、切り出してくる。ずっと先のことだよ、だから大丈夫だよ、と、妻が返す。星になっても一緒にいるよ、と、私。別の夜、死んだらどうやって星になるの、じいじは骨になったよね、と、難しい問題を深掘りしてくる。煙になって、お空に飛んでいくんだよ、と、妻が語る。

我が息子ながら（私の息子だから？）、聡明である。父の収骨の現場に立ち会っているので、人間は死んだら焼かれて骨になるということを覚えているのだ。しかも、骨から星になる工程が気になるようである。科学と物語をつなぐという難問……。カテゴリーがズレているから、話に無理が出てくる。物語は危険で美しい。まったくその通り。

死への不安を吐露しながら眠りに落ちた息子の足が、私の身体に載せられる。寝相が悪く、よしかかってくる。一瞬ウグッとなるが、大丈夫。私は頑丈で大きい。あんなに小さかったのに、もうこんなに重くなったのか。そういうとき、どういうわけかその重量感に私は幸福を感じる。梶井基次郎の『檸檬』の一節が想起される――つまりはこの重さなんだな。生きているということは、この重さなんだ。

とても冷たくて、やせ細った父の身体が脳裏に浮かぶ。父を殺した白血病は免疫力を低下させる。出血したら、血が止まらなくなる。皮膚の毛細血管から血液が染み出し、父の亡骸は赤、黒、紫の斑点模様。内臓からも出血して苦しかっただろう。あれは死の事実を告げるのに十分すぎる色彩だった。それに比べて、つるっとして、ずっしりとした息子の足。生者と死者はこんなにも違う。生きて死ぬことは連続していない。そんな気分になる。

クロちゃんと同じように、父は星になったのかもしれない。星になって、私を見ているのかもしれない。昔の私なら笑い飛ばしているその感覚は身体中に広がっていき、私の家族と人類の夜を包み込む。私も死んだら星になって、父の横で光りたい。そして、いつか息子が星になるとき、迷子にならないように彼を照らして、温かく迎えてあげたい。また、みんなで話がしたい。

ところがつい最近、息子は、死んだらクマゴロウと骨になりたい、でもクマゴロウはどうやって骨になるんだろう、と、妻に訊ねたという。クマゴロウはパペットなので、ふにゃふにゃである。骨は残りそうにない。昨夜は、星は死んだらどうなるの、と、ぼやいていた。やれやれ。子の成長には参ってしまう。科学の逆襲が始まったらしい。

3 盆踊りの夜に

春から始まって夏が来て、秋になって冬で終わる。これを人の一生に重ねるとしたら、死の季節は秋から冬にかけて訪れる。いつか恩師が、秋の深まりは実存の深まりである、と言っていたが、本当にそう思う。まだ薄暗い秋の早朝に目を覚ますと、若い頃によく感じた存在不安がやってくる。秋の不思議なリフレイン。ノルベルト・エリアスの言葉を借りるなら、秋は「死にゆく者の孤独」について考えてしまう季節なのかもしれない。

しかし、満開の桜にも喪失の予感がつきまとうし、ひぐらしの鳴き声は死人を思い出させる。春にも夏にも死は影を落とすのだ。いや、華々しい生命の季節だからこそ、死は、その終わりの予感として、怪しげに姿を見せるのかもしれない。まさに、諸行無常の響きあり、というわけである。

　とりわけ、日本の夏は死を避けられない。戦争の記憶と共に盆に入ると、日本全体が喪に服しているかのようだ。それは、立て続けに死のイメージにさらされて、死が重なっていく季節なのである。原爆投下や日航機墜落事故を取り上げるワイドショー、『火垂るの墓』と『となりのトトロ』、蟬の鳴き声に含まれる死のリリシズム……。日本に生きていれば、夏と死は切り離せないものとして、小さい頃から心に刻まれるのだろう。

　夏の思い出話をしたい。父が死んで、初めての夏だ。豊かな自然に囲まれている豊橋に住んでいると、夏は生き物の季節である。道路脇の木々や草花は道路にはみ出して、森はひと回りもふた回りも大きくなる。昆虫はここぞとばかりに空を飛び回り、地を這い回る。早朝に大学へ車で通勤すると、イタチやアナグマやタヌキが飛び出してくることもある。

　都市で生活していると忘れてしまいがちだが、この世界は人間だけのものではない、ということを思うのだ。蚊に刺されたら身体が痒くなって腹立たしいし、蟬の体当たりは気持ち悪い。道路にはみ出した枝のせいで車に傷がつくし、動物の死骸が転がっていて、朝の気分が台無しになることもある。

　たぶん、生き物に囲まれて生活するということは、人間の思い通りにならないことが増えることなのだろう。生き物は——人間も同じなのだが——自分勝手だ。いや、自分勝手というより、死を抱えて必死に生きているものは、本質的に、誰かの自由にはならない。鞄にムヒが入っていないから、刺すのは後にしてくれ、と、蚊を説得することはできない。そんなことをしていたら、蚊は卵を産むための十分な栄養を取ることができずに命をつなげない。生きるのに一生懸命になれないのは、人間くらいなのかもしれない。

私は虫があまり好きではないので——正直に告白すれば、嫌いなので——「生き物万歳」と声を大にして言うことはできない。が、父の訃報を待つ一年の間、死の定めを共有しているものたちの些細な仕草は、私の心を妙に慰めた。それは、父の死後も同じで、生き物たちの存在が、死別のかなしみを分有してくれているような気がするのである。

あんパン・グランマ現る

妻と二人の息子を連れて、自宅から少し離れたところにある公園に出かけた。夏真っ盛りのひどく暑い日だった。豊橋競輪場の近くにある牛川遊歩公園は、端から端まで一キロ近くある、東西に伸びた細長い公園で、通称「一キロ公園」とも呼ばれている。一度も行ったことはなかったが、子どもの遊具や水辺などもあるというので、試しに足をのばしてみたのである。車から降りると、蟬の大合唱でお出迎え。しかも、そんじょそこらの鳴き方ではない。

ともかく散歩してみよう。ぶらぶらと歩いていたら、ベンチで休んでいる婆さんやゆっくり歩いている爺さんが声をかけてくる。これは田舎でよくあることなのだが、子どもを連れて歩いていると、やたらと話しかけられる。人によっては頭まで撫でてくる（もちろん、子どもの）。横浜に住んでいた頃は、こんなことはほとんどなかった。私が近所の子どもの頭を触ったら、おそらく防犯ブザーが鳴り響くだろう。豊橋と老人の大らかな雰囲気が、それを許しているのかもしれない。

しばらく歩いていたら、古びたベンチに腰掛けた婆さんが、しきりに何かを言っている。こういう場合、何を言っているのかは半分くらい分からない。手招きされて近くに寄っても、まだうまく聞き取れない。

困ったな、どうしようかな、と、息子の顔を見ていると、その婆さんは急に鞄を開けて、あんパンを取り出した。小さいのが五つ入っているやつである。近所のファミマで買ったらしい。こっちの人はやたらとあんこを食べる。小倉トーストはモーニングの定番メニュー。

豊橋に越してきて三年目、この文化にもようやく慣れてきたところだ。

そうして、婆さんはあんパンを私たちにくれた。きっと、誰かにあげたいのだ。しかも、二つはすでに食べられていて、三つ残っているやつを、である。やれやれ。あんパン・グランマの登場だ。

感謝を伝えて、その場を去る。すると、今度は息子があんパンを食べたい、と騒ぎ始める。歯形がついている食べかけのあんパンではないにしろ、すでに開封されていて、見知らぬ他人の手がつけられているものを子どもに食べさせるのは、どうしても迷ってしまう。しかし、こうなったらもう止められない。蟬の鳴き声と子どもの泣き声の大合唱である。私はすぐに心が折れる。

妻だったら、きちんとこの場をおさめることができるのに、私と長男が油を売っている隙に、次男と先に行ってしまった。すでに希望なし。後で怒られるかもしれないが、食べさせちゃお。

いずれにせよ、毒見が必要だ。一つ取り出して私が食べてみる。うまい。もう一つ取り出して、息子にあげる。あんパンのような丸い顔をして、嬉しそうに食べる姿を見ていたら、豊橋に引っ越してきてよかった、と思った。妻に追いついて事情を説明すると、やはり次男も黙ってはいない。残りの一つをうまそうに食べた。

シケイダ・ウォーク（Cicada Walk）

蟬の幼虫は何年も土の中にいる。地上に出てきたら、一週間ほどで死ぬと言われているが、ちょっと調べてみたらもう少し生きることができるらしい。蟬の種類にもよるが、一ヵ月ほど生きるのもいるという。しかし、いずれにせよ、私たちから見たら変な生き方である。一体、何がしたいの、と、思ってしまう。でも、蟬から見たら、生の意味を考え込む人間の方が変なのかもしれない。

豊橋に来てから二回だけ、蟬の幼虫が歩く姿を見たことがある。じっと観察していればもっといるのかもしれないが、蟬が好きなわけではないので、そんなことはしない。偶然の出会いである。最初に見たときには、よくある蟬の抜け殻だと思った。が、ふと見ると、殻に中身が詰まっている。土から出てきて、木に登って、羽化する前のやつ。ようやく日の光を浴びて、羽化するための木に登ろうと歩いていた、というわけである。

そのときは、自宅近くの道路だったので、妻と息子と一緒にしばらく見守った。それから妻はその場に残って、木に登るところまで見届けたらしい。文面ではあまり伝わらないと思うが、これは結構、感動する。生のひたむきさ、とでも言えばよいのだろうか。とにかく懸命に木を目指して歩いているのだ。「生への意志」である。

二回目に見たのは、先の一キロ公園を散歩しているときである。しかし、今度は事情が異なり、幼虫はひどく弱っていて、もう自力では歩けそうになかった。自然の世界は厳しいからな、と、わけしり顔で見ていると、弱々しくも懸命に歩こうとしているので、何とか助けてやれないだろうか、という気になってくる。

私の偽善もここに極まれりだが、手でつかんで木につけてやった。すると、蟬は最後の力を振りしぼって、木にしがみついている。もしかしたら、このまま羽化できるかもしれない。奇蹟のショートカットだ。私は子どもが生まれてから、幼い生命に対する慈しみの情が出てきた節がある。

ところが帰り際、その木を見てみると、幼虫はすでにいなかった。木の下に落ち、息絶えてしまっていたのだ。一般に、蟬は早死にと言われているけれど、実際は色んな死に方がある。早死にのもっと手前で死んでいく蟬もいれば、土から出られなかった蟬、出られたけど、羽化できない蟬。当たり前のことだが、蟬の死に様も多様である。

人間はその死因を特定して、故人の最期を語りたがる。それでいけば、先の蟬の死はこんな具合になるだろうか。すなわち、人による救援活動も空しく、若蟬は衰弱死。木から落下していくときに、仲間の鳴き声が葬送のレクイエムとなった。短かったが、最後まで必死に生きた蟬でした……。

たぶん、蟬にとって自力で木に登ることは、生きていくうえで飛ばしてはいけないプロセスだったのだろう。それを私が軽薄な善意から妨げた。もしかしたら違う死に方を望んでいたかもしれない。蟬にとっては余計な一事だったのかもしれない。

そんなとりとめのない感傷に浸っていると、遠くからスカイブルーのTシャツを着た親父が競歩で歩いてくる。息子と手をつないでいると、例によって声をかけられる。「虫かご持ってる?」虫捕りに来ている親子だと思ったのだろうか。しかし、それにしては、質問の意味が分からない。すると、親父は両手を前に突き出して見せてくる。

そこにはなんと、右手と左手に、蟬が一匹ずつ握られているではないか。おいおい。両手に蟬を握りながら競歩してきたのか。びっくりして、「いや、持ってません」と早口で言うと、何か言いながら再び競歩で行ってしまった。

あまりにも唐突な出来事で、思わず妻と顔を見合わせて笑った。さよなら、二匹の蟬。お前たちは汗ばんだ親父の掌の中で眠りなさい。何年も土の中にいて、ようやく日の光を浴びたと思ったら、親父と一緒にシケイダ・ウォーク。どこまでも競歩で運ばれていく。そんな一生もあるのだろう。願わくはあの蟬たちにリリースを。

幼稚園の盆踊り

私には、盆踊りを踊った記憶はない。もしかしたら、小さい頃に数回くらいあったのかもしれないが、きっとあまり楽しくはなかったのだろう、まったく覚えていない。実は、墓参りにもほとんど行かない家だったので（父が好きではなかった）、私にとっての盆は、祖先の霊とはあまり関係のないイベントである。

今年の夏は、息子の幼稚園で盆踊りが開催されるらしい。ちょうど義母が家族全員分の甚平をつくって横浜から送ってくれたので、それを着て行くことにした。着ている服に統一感があると、家族の一体感が出てくるから不思議なものだ。三歳と一歳の二人は、とりわけ兄弟感が増している。妻と私も仲良し夫婦に見えたかもしれない。本当に仲良し（なはず）だけれども。

会場に着くと、人でごった返していた。年長の子たちは、櫓の下で太鼓を叩いて遊んでいる。小さな子たちは、盆踊りなんか気にもとめずに、園庭を走り回っている。うちの子は蝉の抜け殻を胸のあたりにつけて遊んでいた。夕方になると暑さもだいぶ収まり、随分と過ごしやすい。みんな元気で大変よろしい。

盆踊りは、死んだ人のためにあります。私たちは元気でやっているよ、という姿をお空にいる大切な人に見せてあげましょう、と、幼稚園のベテランの先生のアナウンスが会場に流れた。これまで盆踊りの意味を深く考えたことはなかったが、そう言われてみれば、盆に踊りを踊るのだから、死者と関係のある催しなのだろう。ならば、これは初盆を迎える父への踊りになる。

とはいえ、私は一歳の次男を片手に抱きながらなので、そううまくは踊れない。というより、重すぎてほとんど無理である。それでも、もしこれが本当に死者とのつながりを確認するイベントだとしたら、どこかで父は私を見ている、ということになるだろう。黒山羊のクロちゃんも見ているかもしれない。

死と踊り。この言葉の組み合わせで思い浮かぶのはただ一つ。それは、どうで死ぬ身の一踊り――藤澤清造を敬愛した芥川賞作家、西村賢太の小説のタイトルだ。もとは『群像』に発表されている。父はよく日本の私小説を嬉しそうに私に教えた。西村賢太、車谷長吉、嘉村礒多、葛西善蔵……。父の影響があるのかは分からないが、弟の卒論は嘉村礒多を題材にしているし、私はいまだに日本の私小説を好んで読む。

そういえば、大学の授業で、文芸批評家の加藤典洋が、戦後の著名な小説家を三名挙げるとしたら誰だ、と、学生に聞いたことがあった。学生からは、三島由紀夫、大江健三郎、村上春樹などのビッグネームが出てくる。私が「車谷長吉」と言ったら（英語で行なわれる授業だったから、正確には“Chokitsu Kurumatani”である）、さすがにそれは特殊だろう、と吹き出していた。留学生も多いそのクラスでは、誰も車谷の名を知らなかったので、私は、一本取った、と思った。日本の私小説ここにあり。何となく誇らしい気持ちだった。

子どもたちが踊る、それを周りの老人たちが温かく見守る。盆踊りの主役は、子どもと老人なのかもしれない。生きようとする者、死にゆく者。私のようにただ生きているだけの人間は——どれだけ懸命に踊っていても——モブにすぎない。生と死の引力圏にある者だけが、この踊りを担えるのだ。

盆踊りから帰宅した息子が、突然、こんなことを言う。もしママが死んだら、窓を開けてママの星を見つけて、ラッパを吹いちゃう。普通の声じゃ届かないから。盆踊りに何か思うところがあったのかもしれない。それは、生きている私たちが、死んでしまった人たちと交流できる場所、私たちが元気にやっていることを死者に伝えられる時間――。特別な世界線なのだ。

つぎのお花になってね、と、息子は水に浮かべた花びらを土に還す。その無邪気な行為は、科学と物語の間にある。物質は循環するだろう。しかし、それが花になるのかは誰にも分からない。

4 帰札

初盆の供養には帰らなかった。いくつか理由はあるが、一番は金の問題である。実家のある札幌では、八月の中旬が盆の期間となるが、この時期は北海道の観光シーズンとも重なり、旅費がかさむ。豊橋から札幌まで、家族四人で帰省するとなると、相当な費用だ。しかも、電車や飛行機は間違いなく混雑しているだろう。元気が有り余っている子どもを二人連れて、満員電車で札幌へ帰ることを思うと、それだけで気が滅入ってくる。

銀行員でもあった父は金銭面を気にかける人だった。しかし、ケチというわけではなく、何かに支出する妥当な費用というものをいつも考えるのである。たとえば、航空券は早めに取るのと、直前に取るのではかなりの差になる。父の助言で、学生時代には、二、三ヵ月前には帰省の予定を立て、安い航空券を手に入れていた。バイトやクラブの都合もあるので、もっと直前でもいいのでは、と、当時は思っていたが、前もって時間の都合をつけておくのは余程のことがない限り難しいことではない。それをやるかやらないかで、支出が大きく変わるのなら、ただやればよいのである。

盆に帰省しようか考えている、という話を持ち出したら、おそらく父は、テレビでも見ながら「そんな高い金払って帰ってくることない、ちょっと時期をずらして帰ってくればいいべや」と言うだろう。たしかに、予定を半月ずらすだけで、二十万円は十万円になる。それに、大学の夏休み期間中なら、私の仕事は時間の融通が利く。父はこの判断を支持するにちがいない。

でも、初盆に息子が不在でよいのだろうか。少し悩んだが、母とも相談し、正規の盆からは一ヵ月くらい遅れて、九月の中旬に帰ることにした。こういうとき、母はいつも習俗や世間体をまったく気にしない。ロックな母だ。忌明け後、初めての帰札である。

父のいない札幌に帰るんだな、と、静岡空港で搭乗ゲートを歩きながら思った。相続関係の相談や遺品の整理など、いくつかやらなければならないこともある。葬儀や四十九日の時にはそんなことを考える余裕はなかったが、こういう実務をこなしながら喪の作業は進んでいくのだろう。これが残された者の務めなのかもしれない。

会えないことの贅沢

あれは去年の十一月、父が死んでしまう三ヵ月くらい前のことである。コロナ禍で面会の回数と時間が制限されていて、家族ですら事前に名前を登録しておかないとお見舞いに行くことができない状況だった。あまり記憶は定かではないが、見舞い客が訪れてよいのは週に二回まで、一回の面会時間は三十分だったと思う。病状が急変し、いつ死ぬかも分からない状況において、それは厳しい条件だった。

それでも、どうしても父の顔が見たくて、私は妻に無理を言って一人で帰省し、東札幌にある病院に面会を申し出た。しかし、その短い面会時間には、母に頭を洗ってもらうルーティンや看護師の見回りなども含まれていたため、ゆっくり落ちついて話すことはできない。翌朝には豊橋に戻らなければならなかったので、もう少し父との時間が欲しかったが、仕方ない。帰り際、あと五年くらい発病が遅ければな、と、物憂げな表情で呟いていた父の姿をよく覚えている。

病院からの帰り道、母と東札幌駅近くの喫茶店で珈琲を飲んだ。縁起でもない話だが、葬儀や相続のことを話すためである。病人が生きている間に何てことをするんだ、と、非難する人もいるかもしれないが、そういう話は生きているうちにしておいた方がよい。思いきって、葬儀は父の意向を直接確かめてみよう。相続関係のことは親戚の司法書士に頼むのがいいね、と、二人で話して決めた。小さい頃からお世話になっている、私にとってはお兄ちゃんのような人だ。

あまり楽しいとは言えない話にひと区切りついたとき、母はこんなことを言った。「いつもは何となく気が滅入って家に帰るんだけど、お前と一緒ならそんなに落ち込まなくていいわ」。私は、週に二度の面会に欠かさず行くことのできる母と弟を心のどこかで羨ましく思っていたが、それはたぶん、一面的な見方にすぎなかったのだろう。もうすぐ死ぬことが分かっている人に会いに行くのは、そんなに楽なことではない。

父にたくさん会うことができる、ということは、その分だけ父の現状を思い知らされ、最後になるかもしれない別れを経験しなければならない、ということである。父に会いに行く権利がある、ということは、その権利が反転して義務の意識にもなりうる、ということでもある。会いに行けるからこそ、会いに行かないという選択肢が出てくる。そうして、会いに行かないことを選ばなければならなくなる。

会いに行かないことを選ぶのは——それぞれが自分の生活を抱えている以上——まったく正当なことである。もし私が父の立場だったら、妻や息子には自分のやるべきことを優先してほしい、と思うだろう。しかし、会いに行かないという選択をすることが認められているからこそ、かえって良心の呵責が増していくこともある。

双方にとって苦しいこの状況が早く終わってほしい、と考えてしまうこともあるだろう。それは、少しでも長く生きていてほしいという願いとは対極にある、もう一つの心のリアリティである。もしかしたら、母は、そういうジレンマにさらされていたのかもしれない。それに比べたら、物理的な距離が離れていて会えないというのは、ある意味では、気楽なものである。少なくとも、そこに自分を責める契機はない。早く死んでほしいとも思わない。会えるのに会わない、ではなく、会えないから会えない、と言えるのである。

お見舞いの翌朝、新千歳空港に向かおうと荷造りしていた八時過ぎ、父から突然電話がかかってきた。何だろう、何かあったのだろうか、と思って電話に出る。

「どうした、何かあったのかい」

「もう豊橋に帰るところか」
「うん、いまから空港に行く」
「章太郎、たくさん金を使わせて申し訳ないな、会いに来てくれてありがとう」

そんなことは気にしなくていい、またすぐに来るよ、と、言いたかったが、うまく言葉にならなかった。

父の病気が分かってから、そして、父が死んでしまった後もなお、言葉に詰まるという経験を何度もしている。私はおしゃべりな方なので、普段、自分から会話を止めてしまうことはほとんどない。しかし、父のことになると、感情が言葉を呑み込んで、何と言ったらよいのか分からなくなるのだ。

「ありがとう」という感謝の言葉は、最後の別れの言葉になりそうで、うまく言えない。「大変だと思うけど、治療頑張ってね」と、励ましの言葉すら出てこない。家族のことを聞かれても、うまく説明できない。これは、誰もが経験するという意味では平凡だが、やはり切実な葛藤である。そんな私の心情を見抜いて、あのとき、父は電話をくれたのだと思う。

蔵書整理

父の本棚には膨大な本が残されている。文学、哲学、歴史学、社会学、心理学、経済学の本から、銀行員として働くための実務的な本まである。一月の終わり、年末から急激に病状が進行し、もうほとんど話をすることもできなくなっていた父が私に言い残したのは、本の整理はお前に任せる、ということだった。「一冊数万円の本もあるからな」と、昔なら冗談交じりに言ったであろうことを、父は消え入りそうな声で私に伝えた。「分かった、本のことは任せて」と返した。

他人の蔵書の整理を手伝うのは楽しい。何度も読んだ痕跡が見られる本、いつか読もうと買ってある新品同様の本、しおりが挟まったままの読みかけの本。あいうえお順に並べてある本棚、ぐちゃぐちゃに積まれている本棚、テーマごとにゆるく分けられた本棚。雑貨が置いてあったり、マグネットが貼られていたり、若い頃の写真があったり。この人らしいなと納得する本から、こんなものまで読むのかと驚いてしまう本まで、蔵書の整理を手伝っていると、自分の中の相手のイメージが描き直されるのだ。普段は窺い知ることのできない所有者の秘密に触れた気がしてくる。こっそり日記を読むのに近い体験なのかもしれない。

そういえば、父は学生の頃、小此木啓吾の蔵書整理のバイトをしたことがある、と言っていた。とてもよくしてくれて、貧乏学生に食事までふるまってくれたらしい。父の本棚に小此木の著作がいくつかあるのは、きっとその名残なのだろう。私も何度か蔵書の片付けを手伝ったことがある。師匠の竹田青嗣が早稲田大学を退職するときには、貴重なコメントが付された哲学書や、過去の講演が録音されたカセットテープを大量にもらった。

いずれの手伝いも楽しいものだったが、今回はあまり気が乗らない。その理由を一言でいえば、故人の蔵書だからである。それに、小さい頃から見ている父の本棚を解体するのは、私には心苦しく感じられた。できればそのままにしておきたかったが、母は整理したいと言う。母に任せたら、業者を呼ばれて一網打尽にされかねない。どうやら、父との約束を果たす時がきたようだ。じつは、それが父との最後の会話でもあった。

所有者が存在しない本を整理するのは難しい。所有者がそこにいるなら、その本棚にある本を全部段ボールに詰めてほしい、とか、哲学の本を左から年代順に並べてほしい、という指示や希望に従えばよい。これはその人の秩序に沿って手伝うことだから、たいしたことではない。

しかし、父はすでにいない。しかも、父と一緒に本棚を片付けたことはないので、父ならこう言うであろう、といったことも思いつかない。それゆえ、母と相談して三つの原則を立てることにした。

（一）父の書斎の扉付きの本棚にある詩集や文学は、署名入りや限定本なので、これはしばらくいじらないことにする。
（二）私の研究に必要な本は大学の研究室に送る。
（三）それ以外の本の処分は母に任せる。

このように決めると、現段階でやることは一つに絞られる。そう、私の研究に役立つ本を機械的にピックアップしていけばいい。母が言うには、父は私のために本を集めていたという。それは、将来、おそらく私が持っておらず、かつ、私の手元にあった方がよい、と、父が考えた本たちである。

それにしては、哲学の本が少ない。私が上京するときに父の本棚から哲学関係の書籍を大量に持ち出したことも一因だろうが、私のために本を集めていたのなら、哲学の全集などがあってよいはずである。ところが、本棚にあるのは、むしろ一般向けの書籍で、私がこの先読むべき本とは思えない。これでは、ほとんど研究室に送れない、ということになる。

これは何か別の意図があるにちがいない。そう思いながら、本棚をいじりまわしていたら、大月書店から刊行された『マルクス゠エンゲルス8巻選集』が揃いで顔を見せた。私は一九八七年の生まれなので、学生時代マルクスに熱狂することはなかった世代、もっと言えば、学生運動や労働運動の熱量も、そこにあったであろう社会的意味も知らない世代である。対して、父は学生運動の時代に早稲田大学に在籍し、その後、労働金庫で勤めあげた人だし、母方の祖父は国鉄の車掌から組合運動に身を投じ、北海道の旧社会党の選挙対策委員長を務めた人だと聞いている。

そういう意味では、私は労働者団結のサラブレッドで、その根底にあるマルクスの思想を受け継いでいても不思議ではないのだが、銀行員の息子という温室育ちの私は、労働者団結とか安保反対とか言われても、そんな古き良き時代もあったのだな、と、まったく他人事のように頷いてしまうのである。とはいえ、その渦中にいたであろう父や祖父も、おそらく年齢を重ねるごとにマルクス主義の「挫折」や「矛盾」に気づいていったのだと思われ、私に昔話を語ろうとはしなかった。

『共産党宣言』や『資本論』の一部は教養として読んでいた私も、それは、いわばたしなみであって、特定の主義主張に基づいた社会革命の可能性を信じたことは一度もない。生まれる時代が違っていたら、ラディカルなセクトの構成員に袋叩きにされていたかもしれないが(しかし私は一八五センチ九〇キロの巨漢なので、相手もそれ相応の覚悟がいるだろう)、幸い私が青春時代を過ごしたのは「平成」である。それはむしろ、絶対的な社会理想を掲げることを恥ずかしいとさえ思わせる時代だった。

マルクス＝エンゲルスをパラパラめくりながら、そんな追憶に身を任せていたのだが、その選集がしまってあった周辺を眺めてみると、アダム・スミスやリカード、ケインズやガルブレイス、ハイエクやフリードマンなどの経済学の古典がずらりと並んでいる。それだけではなく、二次文献や一般向けの解説書までが揃っているので、どこかの経済学の研究室のような趣である。ふと、父が私のために集めていたのは、もしかしたらこれかもしれない、と思った。

ちょうど父が骨髄異形成症候群と闘病を始めた頃、竹田青嗣が私に経済学を古典から勉強しなさい、と言ったことがある。私は経済学にほとんど関心がなかったので、そのときは適当にごまかして難を逃れたのだが、もし父が私のために経済学の本を集めていたのだとしたら、師の言葉と父が遺した本は共鳴していることになる。

すべて私の思い違いかもしれないが、まずは段ボールで十箱、経済学の本を中心に大学の研究室に送ることにした。段ボールが到着した際、ちょうど学生が研究室に来ていて、一体、これはどうしたんですか、と、笑った。十箱分の本たちは、学生の手を借りて何とか研究室の本棚に収まった。この分だと、次に送るときには、書架を増設しなければならないだろう。息子たちに迷惑をかけないように、私の蔵書はすべて生前に処分した方がよさそうだ。しかし、いつ死ぬのか分からない。父も自分がこんなに早く死ぬとは思わなかったはずだ。これが一番の問題である。

札幌で迷子になる

札幌の実家につくなり、二人の息子は、家中にある置物や人形を一ヵ所に集め始めた。長男は、「仲間たち」と彼が呼ぶ、ぬいぐるみやおもちゃを一ヵ所に集めるのが好きで、豊橋の家でも毎日のように集会が行なわれている。

何を思ったのか父の遺影も運ばれてきて、カバやフクロウの置物と一緒に並べられている。星になった父は「仲間たち」に加えられたらしい。私は一応、「何してるの、そんなところにじいじの写真を置いて」と笑いながら注意したのだが、「こうすれば、じいじもさみしくない」などと言ってくるものだから、何となくそのままにした方がいい気になる。

たしかに遺影の父、仏飯器やりんの横に置かれているときには、ザ・故人という感じの顔に見えたのだが、「仲間たち」に囲まれていると、賑やかで楽しそうに笑って見える。ヒラメの刺身を食べながら、酒を飲んでいるときの顔だ。遺影はその時々の見る人の心によって見え方が変わる、と、私よりもずっと若い頃に祖母を亡くしている母が教えてくれたが、遺影が置かれている場所も、故人の表情に影響を与えるのかもしれない。

息子は遺影を見ながら、「じいじ、星になっても頑張ってね」と、両手を合わせて拝んだ。人一倍、ハングリー精神とバイタリティーがあった人だから、星になっても頑張っているはずだ。星の国にテレビがあったら、ニュースを見ながら政治家を批判し、メディア報道にも悪態をついているにちがいない。こちらはうるさくてしょうがなかったが、その喧噪ですらもいまはなつかしい。

父がいなくなってから、JR北海道から見る車窓の景色も、三十六号線から続く豊平橋も、すすきのの飲み屋街も、ろうきんも丸井今井も、札幌の街並が違って見える。若かりし頃の父が見たであろう風景、泥酔して千鳥足で何度となく歩いたはずの道、私にお土産を見繕っていた店が、父がいなくてもそこにある、ということをうまく受け止められない。父と一緒に札幌も消えてしまえば、どんなによかっただろう。父だけがいないのである。

「青いジーパンに白いTシャツ、無精ひげをはやした三十六歳の岩内章太郎くんが、迷子センターでお父さんを待っています」という放送が街中にかかったら、やはりみんな引いてしまうだろうか。父はこの純朴すぎるセンチメンタリズムに苦笑するだろう。でも、そんな気分。生まれ育った街、札幌で迷子の章太郎くんなのである。

5 聖橋にて

東京で父に会うとき、待ち合わせ場所はいつも御茶ノ水の聖橋だった。私たち兄弟は二人とも東京の大学に進学していたので、札幌に住む父に会えるのは父の東京出張と帰省のときである。それにしても、出張のたびに飲もうと誘われるので、仕事関係の飲み会などはないのだろうか、と、疑問に思ったこともあったが、母が言うには、父は年に数回の東京出張を心待ちにしていたらしい。成人した私たちと酒を飲むのが、何にもかえがたい喜びだったのだと思う。いま、私も二人の子の父になってみて、初めてその気持ちがよく分かる。

じつは私たち親子は、昔からそんなに仲がよかったわけではない。私にかんして言えば、父とは会うたび喧嘩ばかりしていた。それも、たいていの場合、ひどい喧嘩になる。互いに

「馬鹿、阿呆」と怒鳴りながらの罵り合いだ。喧嘩の原因はさまざまで、たとえば、アラブ社会でのキリスト教徒の位置をめぐり争ったこともある。

喧嘩が始まりそうな雰囲気を察知すると、母は戦々恐々としていたという。私が結婚してからも父との喧嘩は絶えなかったので、父の病気が判明してから死ぬまでの一年間が最も平和だった、と言えるかもしれない。それは、諍いのない、安全で、けど寂しい、異例の時間だったのである。

ちなみに、おそらくこの事情は弟も一緒で、物騒な話ではあるが、「あいつは俺が殺る」と本気で言っていたこともあった。弟の場合、罵り合いに発展することは滅多になく、父の戯言はほとんど無視していたが、口で言わない分、やるときは本当にやる男なので、兄としては、父の無事を祈らないわけにはいかなかった。その弟が、父の収骨の際には活躍したのだから、人生は不思議なものである。

かんだやぶそば、明神そばきやり、鳥すきやきぼたん、青林檎、放心亭……。いまは閉店してしまった店もあるが、父は金のない私たちを御茶ノ水や神田あたりのいい店に連れて行ってくれた。おまけに小遣いまでくれたのだから、凄まじい出費である。父の葬儀で故人を紹介するために、弟が用意した文章には、こう書かれている。

故人は出張で東京に来ると、息子二人をよく神田にある鳥すきやきの店「ぼたん」に連れて行った。「自分が昔、こういういい店に連れて行ってもらってどうしていいかわからず恥をかいたから、慣れておけ」。高い店に行った時の所作のことを話していたのだろうが、結局、息子二人がおひつに入ったご飯を二回もおかわりして店の従業員が驚いていた時が、一番誇らしげだったようにみえた。

この文章ほど、私たち親子のことをよく表現しているものはないと思う。今回は、酒と父と悪霊の話をしたい。

酒好きの親子

私は昔から酒を飲むのが好きだった。一緒に飲める酒好きの人と仲よくなりがちだし、困ったことや辛いこと、面倒なことや揉めごとは、私にとっては飲みに行く絶好のチャンスだ。もちろん、嬉しいことやめでたいことがあっても飲みに行くので、いつもどこかに飲む理由を探している、と言ってもいいだろう。だから、家族や友人は、折に触れて、酒を贈ってくれる。それが一番喜ぶと知っているのだ。実際、何よりありがたいプレゼントである。

酒を飲んで何が楽しいんですか、と、事あるごとに素面の学生に尋ねられるが、この楽しさは酒を飲まない人には分かるまい。酒を飲まない学生や同僚と、いついかなる時でも飲むのが好きな私の議論は平行線に終わるので、おのおの好きにやればよい。

酒の強さは遺伝するというが、父も無類の酒好きだった。酒を飲んでいる姿が最も記憶に残っている。私がまだ小さい頃は、アサヒスーパードライとカクサン（サントリーの角瓶を父はこう呼んでいた）の水割りをいつも飲んでいた。ビールはよく冷えたのが好きだったので、母は凍るか凍らないかのギリギリを攻める。たいていはキンキンに冷えたスーパードライが出てくるのだが、何度か完全に凍っていて、凄まじい夫婦喧嘩に発展したことがある。

たしかビールとは別件だったと思うが、夕食の準備がいつもよりちょっと遅れて、父が不機嫌になったこともある。そのときは母も堪忍袋の緒が切れて、ちょうど焼こうとしていた魚（鯖の文化干し）をブーメランのように父に投げたのだ。父も投げ返すので、魚が回転しながら目の前を飛び交った。夫婦喧嘩は犬も食わぬとは、まさにその通りである。先日、この件のことを母に聞いてみると、何の連絡もなしに飲みに行った挙句、中途半端な時間に帰宅し、晩御飯はまだか、と、言ったとのこと。現代の夫婦関係では、ほとんどありえないエピソードだ。

年齢を重ねてからは、糖質オフのビールを飲んで、芋焼酎のお湯割りを飲むのが日課になった。ワインも好むようになって、家に何本もストックされることになる。父が死んだ後、その秘蔵のワインを二晩くらいかけて、母と弟とすべて飲み干した。「お前ら、ふざけんなよ」と、空から父の恨みの声が聞こえてきそうだったが、祖母の葬儀の際、父は飲むのが供養になると言って、ビールや日本酒をガブガブ飲んでいたので、文句はないだろう。

それでも、一九八三年（父と母が結婚した年）、一九八七年（私の生まれた年）、一九九一年（弟の生まれた年）のワインには、さすがに手をつけられなかった。きっと何かの記念日に、私たちと飲むのを楽しみにしていたはずだ。この連載が最後まで無事に終わったら、私の誕生年のものは飲んでもいいだろうか。「なんだ、飲みたいのか。しょうがねぇなぁ、どれ、開けてみるかぁ……」と言って、出してくれそうな気がする。

そんな父と外で酒を飲むと、二軒、三軒は当たり前で、とことんまで飲まないと気が済まない。しかも、食べる量もすごい。食べ飲み放題に来たのかと思うくらい注文する。たとえば、一軒めの酒場で、ビールと日本酒を飲みながら、たらふく焼き鳥を食べたら、二軒めのイタリアンでは、また生ハムやピッツァをつまみながら、ビールから始まり赤ワインをボトルでいく、という具合である。

最後はバー。父はオーセンティックなバーが好きだった。嘘か本当かは知らないが、「ドライドライドライドライマティーニは、ベルモットの瓶を見ながらジンだけを飲むんだ」と、そんな話をしながら、サイドカーをうまそうに飲んでいた。スコッチのボトルを入れてみんなで飲むと、弟は、ミストスタイルで、と、ちょっときざな注文をする。父は、「なんだそれ」と、口では言いながらも、そんな弟が誇らしそうだった。弟と私がたばこを吸っていると、「かっこつけて洋モクなんか吸いやがって」と、笑った。

いまこうして思い返してみると、やっぱり母が言うように、父は私たちと酒を飲むのを何よりの楽しみにしていた。しかし、楽しいがゆえに、徹底的に飲もうとするので、父と飲んで帰るときにはヘロヘロである。御茶ノ水からの帰り道、山手線で吐いたこともある。酒に鍛えられている私が、親と飲んで吐くなんて、と、何だか可笑しかったが、もしかしたら私の息子もいつか同じようなことをするのかもしれない。そうやって、酒好きの正統は受け継がれていくのだろうか。父も、本当は将来、孫と酒を飲んでみたかったはずだ。

日本酒と悪霊憑き

親父の小言と冷酒はあとで効く、とはよく言ったものだが、当然、冷酒は親父にも効く。父が日本酒を飲んで帰ってくる日は、家じゅうが荒れた。私たちが寝ていようがいまいがお構いなしに、意味不明なことを喚き散らしてくる。仕事のこと、上司のこと、家庭のこと……。母に悪態をつくのは茶飯事だった。私たちはそれを「悪霊が取り憑く」と形容した。

一度、私が夜更けまで勉強していると、マンションの廊下からバタバタ、ドン、ガチャという物音がして、外から人の叫び声が聞こえた。おどろいてすぐに扉を開けて飛び出すと、書類や財布などが散乱し、エレベーターの方で人が倒れているではないか。同じ階に住む人びとも何事かと思い、廊下に出てきている。

私は最初、何か事件が起きたのだと思い、警察に電話しようとしたが、倒れている人の方に駆け寄ると、いつもの見慣れた顔がある。日本酒を飲み、悪霊に憑かれた父だった。「出た」と思った。このときほど、どうすべきか迷ったことはない。

選択肢（一）「父さん、大丈夫？　何してるのさ？」「おおー、章太郎か。なんだお前まだ起きてたのか……」→ここから始まるダル絡み。

選択肢（二）家に戻って母を呼ぶ。→母が悪態をつかれる。

選択肢（三）見なかったことにして、家に戻る。→近所の人に迷惑がかかる。


とっさに、私は選択肢（一）を選んだ。


「父さん、大丈夫？　何してるのさ？」

「おおー、章太郎か。なんだお前まだ起きてたのか」

「勉強してた」

「悪いな、荷物持ってってくれ」

「分かった、ちょっと待ってて」

「……（昏睡）……」


私は廊下に散らばった荷物を鞄に詰め、近所の人に頭を下げながら、意識混濁の父を肩に担ぎ、廊下を歩いた。不思議と恥ずかしさは感じなかったが、この先の展開が不安で仕方なかった。「悪いな、章太郎、悪いな」と、ぶつぶつ呟いていたが、ほとんど眠っていたはずだ。どうやら飲みすぎて、悪態をつく気力も残っていなかったようである。助かった。

周知のように、脱力している人間を運ぶのは大変なことだ。しかし、屍になった父の重さに比べたら、酔っぱらった父はそれほどの重さではなかったのかもしれない。

母は、玄関に上半身、廊下に下半身を出したまま寝ている父を見つけたこともあるらしい。つまり、上半身だけは何とか帰宅できた、というわけだ。トイレと間違って、ベランダで用を足したこともあるという。札幌の実家はマンションの八階にあるので、一歩間違えば、命が危うい。でも、当然、ベランダで用を足している悪霊に話しかける人は、誰もいない。

父が母と結婚する際にも事件は起きた。結納の儀の前夜、父は結納金として用意していた新札のいくらかをすすきので飲んでしまったらしい。翌朝、父が祖母にその事実を告げると、祖母は「このバカ息子が」と言い、財布にかろうじてあった数枚の一万円札に、泣きながらアイロンをかけたという。

こうして書いてみると、酒にまつわる父の逸話には事欠かず、どのエピソードも面白おかしく見えてくるが、当時の私たちの気分は最悪である。実際にその場にいたら、全然、笑えない。人間の手には負えない悪霊である。その、豪傑の父が白血病で死んでしまうとは、まさか思わなかった。肝硬変とか肺癌とかなら、何となく因果応報。父らしいと思える。しかし、大酒飲みの大食漢は白血病で死んだ。「これも何の因果かな」と、病室で呟いていた父の横顔を思い出す。

最後のレモンサワー

二〇二二年九月八日。父と食事を共にした最後の日だ。翌十月二十七日、それまで通院治療を繰り返していた父は新型コロナウイルスに感染し、緊急入院する。そこからは、急激に病状が悪化し、ご飯を一緒に食べることはできなくなった。この出来事については、もう少し気持ちを整理し、機会を改めて書いてみたい。

刺身が何よりの好物だった父が、免疫力の著しい低下を伴う病気にかかったのは、気の毒というほかない。生ものは完全に禁止。赤ワインと合わせるチーズや生ハムなども食べられない。アルコールは許容されていたが、体調も優れないので、楽に飲めるものを選ぶようになった。最後は、缶酎ハイのレモンサワー。それでも飲むのだから、やはり父は父である。だけど、もう死ぬことが分かっている人間に、どこまで実質的な制限をかけるのかは、難しい問題だ。たとえば、およそ三ヵ月後に逝く可能性が高いとする。いま、刺身を食べてビールを飲んだら、何かの感染症にかかって、一週間後に死んでしまうかもしれない。でも、それが何だというのだ、という気持ちが、私にはどうしても残る。三ヵ月間、大好きな刺身を我慢して死を待つのと、いまお腹いっぱいヒラメを食べて死ぬのと、私だったら、人生の最後の瞬間に好物を食べて死にたいかもしれない。

もちろん、最終的には本人の問題なのだが、命を守る立場にいる医師は推奨しないだろう。では、家族はどうか。刺身を食べたいから、こっそり病室に持ってきてくれ、と、言われたら、どうするのが正解なのだろう。死を間近にした人と過ごす日々は、こういうどうにもならない事態で溢れている。実際父にそう言われたら、私はどうしただろうか。

でも、父は医師から提示されたルールをきちんと守った。できることはすべてやって、父は生きようとした。最後まで、難しい病を克服しようとする気概を保ち続けた。本当はもう身体は限界だったのに、七十歳の誕生日まで持ちこたえて、その朝に逝ったのだから。「もうすぐ、七十歳の誕生日だからね」。それが母との約束だった。

私は、父のそういう姿がいまの自分を励ましている、ということを感じる。それはたぶん、私たちの毎日は、死の予行演習みたいなものだから。今日が私の最後の一年に含まれている可能性だってある。しかし、これは、死が特別な出来事だから、死を意識することで人間はこれまでの生き方を反省して、よりよく生きることができるようになる、ということではない。むしろ逆で、死が迫っても生きることの本質は変わらない、ということである。

自分が近く死ぬことを知ってしまったとしても、やるべきことを一つずつこなすしかない。つまり、生活の真理は変わらないのだ、と、父の闘病の日々が教えてくれる。明日死ぬとしても、明日死なないとしても、今日を変わらずに生きる。病気が判明する前も、病気が判明してからも、父はこの定言命法を遵守した。毎日の労働で、私たちの生活を支えてくれたように、最後の闘病で、やがて遺されるであろう私たちに、生の指針を示してくれた。

だから、死の予行演習は、死ぬまで生きることを意味する。最後の一日まで、やるべきことをやり、その日を生きるしかない。にもかかわらず、父を失って、私はやるべきことがよく分からない。いま書いているこの文章を父に読んでもらって、何か感想をもらいたい、と、心のどこかで思っている。父がくれた生活の真理から遠ざかっているのかもしれない。「章太郎、お前、いつまでやってるんだ。いい加減にせぇよ」と、怒られてしまいそうである。

最後に一緒に酒を飲んだ日、父が飲むだろうと思って、豊橋へ戻る前に買っておいた大量のレモンサワーを父は全部飲めたのだろうか。それとも、父がコロナで入院した後、母や弟が飲んでしまったのだろうか。できれば、もう一回ぼたんに行って、高い店での所作を教えてもらうところからやり直したい。もちろん、待ち合わせは聖橋である。三人の悪霊が聖橋を渡るのだ。

6 追憶

人間の記憶は風化する。父が死んでから、そんなことをよく思う。誰かとの思い出が更新されているうちは、人は記憶にあまりこだわらない。二人が一緒の世界に住んでいるなら、その「現在」を中心にして関係性はつくられているからだ。大切な何かを忘れてしまっても、新しくつくればよい。実際には滅多に会わない仲でも、その気になれば二人の記憶を再生し更新しうるという可能性が、人間の関係を密かに支えていたりするものである。

しかし、この可能性が潰えると、二人の間柄を確かめる材料が、記憶以外にはなくなる。その典型が死別である。故人の存在の意味は、私の記憶の中にいわば閉じ込められて、現前の世界と記憶の世界とが分離する。記憶の中の父とひとときを過ごし、ときどき夢に出てくる父と語り合う。夢から覚醒して戻って来ると、心の中に父と過ごした情動の名残だけがある。そういうとき、私はどうしても、現前の世界における父の不在を意識せざるをえない。大学で講義をしているとき、こうやって原稿を執筆しているとき、家族とご飯を食べているとき……。私はかけがえのない日常の瞬間を犠牲にして、記憶に身を委ねることで、死者との対話に没入してしまう。私の現在を死者に引き渡してしまう。これは不健康なことなのだろうか。

でも、死者との対話が私の現在の一部になり、生者と死者、それぞれとの関係のバランスをうまく取ることができるようになったら、そこに死者と共に生きていく可能性が生じるだろう。そうして、現前の世界と記憶の世界は均衡を取り戻すはずである。しかし、残念ながら、私はまだその段階にいない。

だから、もう少しだけ、故人の記憶を辿ることを許してほしい。そろそろ自分が死んだことは忘れて、やるべきことをやれ、と、父の声がするのだけれど。その一方で、この踏ん切りのつかないセンチメンタルな感傷が章太郎らしいな、と、分かってくれそうな気もする――。

柩にアップルパイ

湯灌の儀式の朝、弟がたくさんのパンを買ってきた。焼きそばパンが絶品のパン屋らしい。私の好物なので、一つもらって食べてみると、たしかにうまい。昨今の風潮では、焼きそばがジューシーであればあるほど、うまい焼きそばパンができると踏んでいるようだが、私からすれば、それはあまりにも安易な思いつきにすぎない。焼きそばが食べたいなら、焼きそばを食べればいい。焼きそばパンにするなら、やっぱり焼きそばとそれを受け止めるパンのハーモニーを考えなければならないのだ。

私の好みを言えば、むしろ、焼きそばはちょっと乾いているくらいがちょうどいい。それを昔ながらの素朴なコッペパンが支える。焼きそばに凝った具はいらない。コッペパンも選び抜かれた小麦でなくていい。でも、青のりと紅ショウガはあってほしい。素朴で廉価なパンなのに、焼きそばを挟むとなんてうまいんだろう——これが焼きそばパンのエロスである。弟が買ってきたのは、まさにそれを体現した、最高の焼きそばパンだった。

弟が到着する少し前に、私は父の亡骸と初めて対面していた。じつは前日の夜には札幌に着いていたのだが、豊橋から札幌への移動で家族全員の調子が芳しくなく、無理せずに明くる日の朝に行けばよい、と判断したのだ。ちなみに母も家にいたので、父は葬儀場で一人の夜を過ごしたことになる。

ぽつんと死んでいる父を見て、それを可哀そうだとか言った親戚もいたらしいが、私は、死んだ後の孤独を、母に向かってとやかく言うのはナンセンスだと思う。むしろ、可哀そうなのは母の方だ。この世界には、あまりにも形式的で、自分勝手な言い分が多すぎる。誰が一番しんどいのかは一目瞭然なのに、その人に対して余計なことを言いたがる。

死にゆく父に孤独はあっても、死んでしまった父に孤独はない。生前の父の孤独に寄り添った母に対して、虚構の孤独を持ち出して小言めいたことを言うのは、私からすれば馬鹿げている。しかし、行き場のない感情を抱えているからなのだろう。誰かに何かを言いたいのである。そうだとしても、その矛先は母に向けられるべきではない。

父の亡骸を前にしての気分は、かなしいというより、何だこれ、という感じ。もうすべてが手遅れで、いまさら何を言ってもどうにもならないという諦念。それに、これから始まろうとしている葬儀のことで頭がいっぱいで、しかも二人の息子が父の屍を横目に大はしゃぎしているので、かなしみを受け入れる余地が心になかったのである。

そこにパンを抱えた弟夫妻が到着したというわけだ。ひょうひょうとした弟の顔を見ると、陰鬱な気分が幾分和らいだ。母と弟は臨終を見届けているので、心に辛い思いもあっただろうに、いつもと変わらない、我が道を突き進む面構えをしている。死をめぐる一連の（不合理な）慣習や、私が気にしすぎる世間体は、彼が一蹴してくれるだろう。アウトローの安心感である。

私の人生にもそれなりの紆余曲折があり、見たところ堅気という感じではないが、弟には全然及ばない。弟の場合、俗離れしているだけではなく、そこにマフィア的凄味が合わさっている。不動産業界から転向して、新聞記者になった人間にしか出せないオーラである。取材などを通して、裏社会の人びととも折衝を続けてきた男だ。そういう弟の生き様は、とりわけ前に進むことも後戻りすることもできなくなったときに、私の気分を励ましてきた。

気を利かせて、弟はアップルパイも買っていた。父の好物である。昔、仕事帰りに、私たちへのお土産としてよく買って帰ってきた。お気に入りは、札幌グランドホテルのアップルパイ。弟が手にしているのはグランドホテルのものではないが、あれだけうまい焼きそばパンを作れるパン屋なのだから、アップルパイだってきっとうまいにちがいない。これを柩に入れたらどうだ、という。なるほど、やはり彼は彼なりの仕方で肉親の死を受け止めようとしているのだと思った。

　すると、弟はおもむろにアップルパイを取り出し、屍となった父の額に当てている。一体、何をしているのだろう、と、覗き込んだら、三角形のアップルパイが額に置かれて、天冠のかわりをなしている。不謹慎、ここに極まれり、である。私は思わず、声を出して笑ってしまった。「いや、あんたやめなさい」と言いつつ、母もつられて笑っている。「本当にお前らなら、どうしようもないまむしの兄弟だな」――そんなことを言いながら、やっぱり笑っている父の顔が脳裏に浮かんだ。

　結局、アップルパイは父の身体の脇に添えられたのだが、柩の小窓からそれが見える。私はアップルパイが顔を覗かせるたびに、おかしくておかしくて、堪えきれない。故人の顔を見にくる参列者は、父の顔を見て優しく頷いたり、悲痛の表情を浮かべていたりする。その横で肩を震わす長男。不謹慎だと思えば思うほど、かえって笑えてくるのである。

　葬儀なんて、お祭りみたいなものだから、と、母は言っていた。浮かれているのとはちょっと違うが、普段は滅多に顔を合わせない親戚や知人が集まると、何だかそれだけでかなしみの静けさが吹き飛んでしまう。死別の深い喪失感は、祭りの後に、襲ってくる。父の死からしばらく経って、私はしみじみそう思う。

発病の思い出

二〇二二年二月八日、仕事の会議中に、母からこんなメッセージが届いた。父は二〇二三年二月七日に亡くなっているので、そのちょうど一年前のことである。

突然でびっくりするとは思いますが、今日お父さんが入院しました。骨髄異形成症候群という厄介な病気です。このまま急性骨髄性白血病に移行してしまう可能性があり、移行しないよう薬でおさえて経過をみます。投与してみないと分かりません。

世界が暗転した瞬間である。聞いたこともない難病に、父が殺されるかもしれない。目の前が真っ暗になった。幼少時から私が不安に思っていたものの襲撃が、ついに始まった。私は自分の死が怖かったが、いつか両親が死んでしまうことを最も怖れていたのである。うまく状況を飲み込めないまま、すぐ父に連絡した。

まだまだ死なない。これから治療のための検査をして治療方針を決めるようだ。心配するな。

これが父の返事である。母から聞いた後日談によると、父は家族の心配をなだめながら、入院の手続き、高額療養費制度の申請、資産目録の作成などを猛烈な勢いでこなしていたらしい。その話を聞いて、私は、大学受験のために初めて上京するときに、東京の交通情報からホテルの地図までを載せた、分厚い「受験のしおり」をつくって渡してきた父の姿を思い出した。おそらく父がつくっていたのは「死後のしおり」である。とにもかくにも、やるべきことをやる。父はそういう人だった。

しかし同時に、家族に不安や怒りをぶつけない父の姿が意外でもあった。死を告知された人間が、それくらいのことをするのは当然だと想定していたのである。ましてや酒を飲めば悪霊が取り憑く父だ。何が起こるかは分からない。そう思っていたのだが、むしろ父は、家族の誰よりも事態を冷静に受け止めて、今後の方向性を見定めようとしていたように思われる。

まだまだ死なない、という言葉も、単に私たちの不安を和らげるためのでまかせではなく、医師とのやり取りや病気についての情報収集に基づく、いわば理性的な判断だったのではないだろうか。診断から一ヵ月後、夜に何度も目が覚める、と、死の不安を口にしたことはあったが、それもまるで文学について語るときのような口調なのである。

父には死を前にした自らの様子を観察していた節がある。このことは、私に強い印象を残した。もちろん、年の功もあるにちがいないが、いまの私が同じ状況に立たされたら、もっと狼狽えて、周囲に喚き散らしてしまうかもしれない。自分の内側に引きこもってしまうかもしれない。

自己と対話する者だけがアウシュヴィッツで正気を保っていたんだ、と、父が唐突に語ったことがある。病気が判明してから、しばらく経った頃だ。しかし、父は言葉の真意を懇切丁寧に説明する人ではなかったので、そのとき私は、自己との対話と正気の関係をうまくつかみきれなかった。それどころか、自己と対話するという行為について、具体的なイメージすら思い描けなかったのである。

それから、時折、自己との対話とは何なのかを考えるようになった。二〇二二年十二月二十五日、NHKラジオ第2「カルチャーラジオ」に出演する際に、自己との対話をテーマとして取り上げたこともある。じつは、これは、もうすぐ死んでしまう父へのメッセージも込めていた。このとき、父の病状はすでに手遅れの段階にまで進行していたのである。私なりの理解を、間接的な形ではあるが、父に伝えてみたかったのだ。私が引用したのは、プラトン『テアイテトス』の一節である。

ただつまり、心が思考しているときの姿というものは、こうしたものだと僕には見えるのだ。その場合に心のしていることは、自分が自分に問いかけたり、答えたり、そしてそれを肯定でしたり、否定でしたりする問答（すなわち言論の語り分け）にほかならないと見えるのだ。（……）もっともここに言う言論は、他人に宛てられた言論ではなく、また声に出して語られる言論でもない。沈黙のうちに自己自身を相手として述べられるものなのだ。（プラトン『テアイテトス』田中美知太郎訳）

ここでプラトンのディアレクティケー（問答法）は、他者との対話を通じたイデアの把握ではなく、自己との対話による、いわば独言的省察に近づいている。自己との対話とは、つまり思考のことである。自分自身を相手に考えようとする者だけが、死を前にして正気を保つことができる。もしかしたら、父はこんなことを伝えようとしたのかもしれない。それは、自分がいまどんな状態にあるのかを観察することでもある。私の解釈が父に届くことを願った。

実際には、父は当日調子が悪くラジオを聴き逃してしまったそうだが、年末年始を自宅で過ごすことが許可されたとき——おそらく主治医はこれが最後の年末になると判断した——母がアーカイブで聴かせたらしい。ラジオをかけても、父は終始目をつぶっていたので、眠ってしまったのだろう、と、母は思っていたらしいが、放送の終了と同時に目を開けて、「章太郎、喋りがうまくなったな。視点はいいいな」と呟いたという。

視点はいいな、か、と思った。きっと難しい哲学の言葉を並べても駄目なのだろう。これだけはやってみないと分からない。闘病の一年間、自己との対話を続けた父は、混濁した意識の中で、そんなことを言いたかったのではないか。でも、章太郎、視点は悪くない。私への遺言である。いつか私が旅立つとき、この言葉を思い出せるだろうか。

コロナとカフカ

二〇二二年十月二十七日、父は新型コロナウイルスに感染し、緊急入院することになる。

運よく無菌室が一室だけ空いていて、入院できたのは不幸中の幸いである。しかし当然、面会は一切禁止。白血病患者がコロナ感染というのは、文字通りの意味で、致命的な事態だった。私はこれでもう駄目だと思った。即日、父へのお別れの手紙を書いたくらいである。

混乱の中、入院の荷物を届けるために、病院の待合室で待っていた母は、入院する病棟へ向かう父を偶然見られたとのこと。父は片手を挙げて、「おお」という感じだったらしい。そのときの父の平然とした様子をいまも鮮明に覚えている、と、先日、母は電話で私に話した。

翌十月二十八日、父から一通のメッセージが届いた。

隔離室にいる。刑務所みたいなもの。部屋からは出られない。カフカの世界のようだ。
発熱などがあるものの、ひどい症状ではない。

当時の私に考えている余裕はなかったが、いま思えば、これが自己と対話するということなのかもしれない。いつ死んでもおかしくない状況に置かれてもなお、カフカの世界と自分の世界を重ね合わせようとする。そこにはおそらく、思考だけが生み出すことのできる余力がある。とにかく生き延びようとする動物的意志しかなかったら、心底、打ちのめされていたにちがいない。感染症は致命的なものであり、生への衝迫は挫かれるからだ。

カフカの世界のようだという父のメタファーは、切迫した現実世界から一呼吸置くことを可能にするだろう。あるシステムによって自分は疎外されている。この隔離室は刑務所のようなものだが、システムがシステムである以上、それに抵抗することは不可能である。しかも、私はこのまま死ぬ確率が高い。コロナに感染しているのなら、家族は遺体にも対面できないだろう。これは、死にゆく父と、私たち家族にとって、最も残酷な仕打ちの一つだと言っていい。

父はその状況について、自問自答を繰り返し、ある種の不条理と対峙したはずだ。何度も発問し、しかしうまく答えを出せず、病に蝕まれていく身体と、それを隔離する世界の意味を考え続けたのである。どこで感染したのか、家族とはもう会えないのか、これで終わりなのか……。自己との対話は、世界を変えることはない、孤独な省察である。だが、そうすることで、父は父を保った。それに、こうして息子が哲学するための材料を残したのだ。

骨髄異形成症候群の治療は中断。病状が急激に悪化し、父は翌年二月に他界することになるが、コロナそのものは、持てる力をふりしぼって、克服している。だから、亡骸となった父と対面し、柩にアップルパイを入れることもできたのである。コロナの完治は誰にでもできることではないよ、と、病床に臥す父の枕もとで話したとき、「本当にそうなのかぁ?」と少し笑った父に、もう一度、会いたい。

7 幸せを感じる練習

いま巷で話題の生成ＡＩを使ってみたくて、「幸せを感じるためには、どうしたらいいですか？」と訊ねてみた。五つのことが大切らしい。

（一）他人とのつながりを大切にする
（二）自分の価値を認める
（三）感謝の気持ちを持つ
（四）前向きな考えを持つ
（五）心と体を健康に保つ

回答の末尾に、「幸せは、努力次第で手に入れることができるものです。上記の方法を参考に、ぜひ幸せを感じられる自分を目指してみてください」と添えられていた。生成ＡＩのアドバイスがつくりだす、付かず離れずの距離感が、思ったより悪くない。大切な友人の一人にはなれなくても、たまに話す相談相手としてなら、うまく付き合っていくこともできそうだ。

続けて、「あなたは幸せを感じたことはありますか？」と聞いてみると、「私はテキストとコードの膨大なデータセットでトレーニングされた機械学習モデルなので、人間と同じように感情を経験することはできません。しかし、幸せを感じることはできませんが、幸せを表現するテキストを生成することはできます」と言う。嘘のない率直な言い方で、見栄や虚勢を張る人間よりも、よほどよく教育されているという感すら残る。

最初の質問の相手が人間であれば、おそらく「どうしたの、何か悩んでいるの」などと、親身になって言外の不安やかなしみをケアしてくれるだろう。幸せを感じるための方法を聞かれて、何の前置きもなしに、その具体的な方法を端的に羅列し、努力次第で幸せになれるから頑張ってください、と、申し添える人はそういない。

幸せは努力次第で手に入れることができる――機械学習モデルによって生成されたこのテキストは、もちろんAIの具体的経験に裏打ちされてはいないが、人類の膨大な幸福体験に支えられている、と見ることもできる。そうだとすれば、その努力の一つとして、幸せを感じる練習があるのかもしれない。

鳩と幸福

札幌の大通公園の風物詩と言えば、屋台でとうもろこしを売る「とうきびワゴン」である。焼きとうきびやゆでとうきびだけでなく、じゃがバターなども置いている。とうきびワゴンの傍を通ると、焼いたとうきびの香ばしくてうまそうな匂いが漂う。通例、こういう分かりやすい販売は観光客向けで、地元客には見向きもされない場合が多い。

しかし、とうきびワゴンは観光と集客のための、いわばでっちあげ産業とは異なり、札幌の歴史と文化に深く根付いたものである。札幌市中央区役所のホームページに掲載されている『歴史の散歩道』第一章「風物詩編」によれば、その始まりは明治の中頃にまで遡る。平岸村の農家がとうきびを焼いて売り歩いたのが発端だという。その後、公衆衛生や道路通行の問題でいったんは大通から屋台が撤去されるが（昭和四十一年）、札幌観光協会の尽力もあって翌年復活し、昭和四十八年にはおよそ九十三万本ものとうきびが売れたらしい。このように、当然、札幌の観光産業とも結びついているわけだが、昔から市民に愛されているという意味で、単に観光目的の商品ではない。

現在は食べ物の種類も豊富なので、北海道に来てとうきびを食べる人は少なくなったのかもしれない。が、カラッと晴れた日に大通公園で食べるとうきびを一度は体験してほしい。テレビ塔や噴水や色とりどりの花を見ながら、ゆったりのんびり食すのである。一人でも二人でも三人でもいい。大通公園にはゴミ箱もあるので、後始末も簡単。トイレも併設されているから、焼きとうきびのタレで手が汚れてもすぐに洗える。家族で行く人は、子連れでも安心である。

もちろん、私は何度も食べたことがある。小さい頃に親に買ってもらったり、友達と買い食いしてみたり。とはいえ、札幌を離れてからしばらくの間は、大通公園を散歩する機会もなくなり、とうきびのことをすっかり忘れてしまっていた。しかし、数ヵ月前、豊橋から札幌に帰省した際、息子がとうきびワゴンの存在に偶然気づいて、どうしても食べたい、と、妻と私にごんぼほった（だだをこねた）。昼ごはんの時間も迫っていたので、ちょっと迷ったが、折角札幌に来たのだから食べさせてあげたいと思い、焼きとうきびとゆでとうきびがハーフ&ハーフになっているものを購入した。
　長男は猛烈な勢いでそれを平らげた。次男もいくつかもらってうまそうに食べている。二人が夢中になっていると、とうきびが手からこぼれて地面に落ちる。それを鳩や雀が狙う。公園で鳥に餌をやることは推奨されていないが、子どもの食べこぼしなら、あまりうるさく言ってもしょうがない。私がまだ小さい頃は、いまほどモラルの意識が浸透しておらず、大通公園で買ったとうきびを鳩に投げるのは、誰もがやっている世間の慣わしでさえあった。
　いつのことだったかは定かではないが、父と一緒に大通公園でとうきびを食べたことがある。そのとき、父は鳩にとうきびをちぎって投げていた。ものすごい数の鳩がとうきびの粒に群がった。生きるか死ぬかの争奪戦のようだった。そんな鳩を見ながら、父は突然、こんなことを訊ねてきた。

「章太郎、お前、あの鳩を幸せだと思うか」

あまりに唐突だったので返答に窮してしまい、私は黙り込んでしまったが、余計なことを考えずにコーンを食べられるのは羨ましいな、と、心の中で思っていた。私だったら、食事の途中に日々の些事や不安に心が奪われてしまうこともある。すると、父はこう続けた。

「あれは幸せとは言わない。無知は決して幸せではないんだ」

哲学をある程度修得した現在の視点から見ても、これは難しい問題である。一般に、幸せは何らかの欲望が充ち足りている状態である。ならば、食欲が充たされているという点で、鳩は幸せである、と言っていい。知識の介在を決め手にするのは、知識偏重主義や人間中心主義の言い草にも聞こえる。人間だって美味しいものを食べて幸せを感じるのだから、知的な観点から幸せに優劣をつけることには人間の傲りがある、という気がしてくる。

しかし、おそらく父は、この程度のことは分かっており、それを承知で議論のテーブルにbetしている。ここで問われているのは、幸せの一般性ではなく、むしろ人間は何を幸せとするのか、ということではないか。夢中でステーキを貪っているとき、たしかに私は充たされており、その状態を幸せと呼んだりもする。

ところが、それを幸せと言表するためには、たとえ束の間だったとしても、その現在についての反省が不可欠である。だとすれば、ステーキを食べて「あぁ〜幸せだぁ」と言う私と、とうきびをつつく鳩は、じつは似ているようで似ていない。私の場合、自分がどういう状態にあるのかを知っているからである。つまり、人間の場合、そこには表現を介した反省的な自己認知が伴う、ということだ。

もう一つ、思うことがある。それは、過去に挫折を経験した人間が、現在の幸せを以前と同じように享受することができるのか、ということである。たとえば、初恋の幸せは替えのきかない至福を当人にもたらすが、それが終わってしまうと、世界全体の意味が急速に色あせる。恋に真剣であればあるほど、この喪失体験は大きな痛みを残すだろう。そういう体験をした人は、次の恋をしそうなときに、この幸せもいつか終わってしまうかもしれないという喪失の予感を持つはずだ。それは、失恋から得た教訓（＝知識）であり、二度と同じかなしみを味わわないための予防でもある。

無知な方が幸せを享受できる――このことには一定の理がある。世界が何であるかを知れば知るほど、生のゲームを純粋に楽しめなくなることもある、ということだ。たとえば、自分がいつか死ぬことを知ってしまったら最後、それは不可逆な一線であり、そこから先の生の喜びは、いつも死の可能性と隣り合わせになる。いつか死んでしまうから、この生を謳歌するのか、それとも、いつか死んでしまうなら、この生をほどほどに済ませた方がよいのか。人によって捉え方は異なるだろうが、知が幸せの感受にノイズを入れるという事情は変わらない。だが、そのノイズがあるからこそ――欲望の充足状態から距離を取り、それを対象化して――幸せの意味や理念を理解することができる。

無知は幸せではない、と言い切った父は、生の不条理を知ったうえでなお、人には前向きに生きる可能性が残されており、しかも、そうしようとするときにだけ、どうしようもなく不純で、でも人間らしい幸福が現われてくる、と、伝えたかったのかもしれない。

いまはとうきびを口いっぱいに頬張る息子も、いつか挫折や喪失を経験する。小さい頃、あんなに透明だった幸福は、やがて濁り始めるだろう。しかしきっと、それでいい。鳩の幸福におさらばして、香り高く雑味のある幸福を味わうのは、私たちにしかできない。

父になっていく私

アリストテレスは、『ニコマコス倫理学』において、「幸福（エウダイモニア）」こそは最高善にほかならない、と言っている。なぜなら、幸福はそれ自体のために求められ、決して何か他の目的のための手段とはならないからである。端的に言えば、生きていればいろいろな目標や目的が生まれてくるが、それらはすべて、究極的には、幸福という最上位の目的にぶら下がっている、ということである。

幸せになれないなら、およそ何を達成しても意味がない。受験に合格すること、富を築き上げること、仕事で成果を出すこと……。それぞれの領域に応じて個別の「よさ」は成立するが、幸福はいつもメタ目的として、それ自身で望ましいものとして頂点に君臨している。一定の説得力がある。

アリストテレスに従えば、人間の卓越性に即した魂の活動が真の幸福を導くことになるわけだが、もっと一般的に語るなら、卓越性とか魂とかを持ち出さなくていい。卓越性って何となくマッチョに響くし、かりに幸福が人生の最高の目的だとしたら、それは普通の生活の中で誰にでも開かれている、人間の弱さや脆さにも寛容な原理であってほしいから。たとえば、大好きな人とただ一緒にいることだって、最高善になりうると思う。幸せのハードルをあげがちなのは、人間の悪い癖だ。

じゃあ、私の幸せって何だろう。特に家庭を持ってから、とにかくまずは懸命に働いて、金を稼ぐことが私の責任だと思い込んでいた。労働こそが私と家族の幸せには欠かせない、と、信じて疑わなかったからである。いずれにしても金がなければ、にっちもさっちもいかなくなるのだから、それこそが幸せの第一条件だと決めてかかっていた。

これはおそらく、生前の父が持っていた信念でもあり、父が他界してから――知らず知らずのうちに――私の中でますます強くなっている。父の不在と向き合う時間が長くなることで、その生き様を内面化し、父のように振る舞っている可能性もある。

かりに父が生きていれば、それを反面教師にすることができるし、生前はしょっちゅう喧嘩もした。が、死んでしまってからは、私は父を批判できなくなった。喪失のかなしみが最初に来てしまい、フェアな視線で父を見られなくなっているのかもしれない。文学や思想では、しばしば「父殺し」が大きな主題となるが、すでにこの世にはいない父をもう一度殺すのは、私にはやはり非情に感じられ、それゆえ困難なことになってしまったらしい。

父の死後、私は私の中の父をよく感じる。いや、それまでには見えなかった部分がよく見えるようになった、と言った方がいい。父は死んで、私の中で蘇った。どうしても捨てきれない父復活への期待が、私にそうさせているのか。それとも、私はずっとそういう価値観を持っていただけなのか。よく分からない。

金を稼いでいれば、仕事で成功していれば、私と家族は幸せになれる。ちょっと考えてみれば当たり前なのだが、本当は逆である。私と家族が幸せに過ごすために、ある程度のお金が必要で、だから仕事をしなければならない。私にとって家族との幸福が最高善だとしたら、この順番で考えるのが妥当だろう。しかし、この論理を頭では分かっていても、私の中の父に対抗するのは簡単ではない。無意識のうちに父を模倣してしまうからである。もちろん、すべて私がやっていることで、父には何の責任もない。

　父がいない初めての年末、テーブルの前にデーンと座ってビールを飲んでいたら、「なんだかんだ言ってるけど、あんたお父さんそのものでしょ」と、母に言われた。たしかに、父はそうやっていつも酒を飲みながら、母につまみやおかわりの指示を出すばかりであった。「年々、悪化の一途をたどっている」と、続けて妻。正月に遊びに来た叔母は、ソファでテレビを見ている私を見て、「あんたもう義巳さんそっくりだね」と、私に言い放った。もちろん、みんな冗談半分で言っているのだが、じつは結構、その問題に悩んでいることを伝えられなかった。

　ふと遺影を見ると、父は、照れ笑いとも苦笑いともつかない表情をしている。父に聞いてみたいことがたくさんある。「お前も俺に似たんだな」の一言があれば、どれくらい救われるだろう。「いや、俺は父さんとは違うよ」と、言い返せばいい。「父さん、俺は別の道を行くよ」と、いつも通り、突っぱねればいい。それで、喧嘩になって罵り合ったら、やっぱり父と私は別人だ、あんなふうになってたまるものか、と、そう思えるのに。

父と息子

実家の父の書斎でこの原稿を書いている最中に、息子が折り紙で何かをつくって何度も渡してくる。シュタイナー教育を受けているので、身の回りにあるもので「作品」をつくることに慣れているのである。木の枝やどんぐり、宅配で届いた段ボールの空き箱、飲み終えたペットボトル……。すべてが工作の材料だ。ひっきりなしにテープをくれ、と、せがんでくるものだから、妻は工作用のテープを月に二度の配給制にしたくらいである。

いまは大事な仕事中だから、もう邪魔をするな、と、つい言ってしまいそうになるのを、私は飲み込む。息子が折り紙を嬉しそうに渡してくる、その具体的な現在を噛みしめて初めて、幸せはよく実感されるのであって、いつかどこかで幸せになるための一般条件を振りかざしているうちは、いつまでたっても幸せになれない。仕事と金は私のエクスキューズにすぎない。

布団を敷いて四人並んで眠るとき、どこで覚えてきたのか、「さみしさは言葉にしないと伝わらない、さみしくなったら、言ってね」と、四歳になった長男が真剣な表情で知らせてくれた。たぶん、言葉で表現することの重要性を幼稚園の先生が教えているのだろう。ためしに「パパさみしい」と言ってみると、普段は妻にべったりの息子が私の布団に入ってきて、抱きしめてくれた。抱きしめられて初めて、私は自分が本当にさみしかったことに気づいた。

二歳になった次男は、私が「痛い痛い」とふざけて言うと、「よしよし」とたどたどしく言いながら、痛いところをさすってくれる。妻がいつも同じことを子どもたちにしているので、他者の痛みにどう応えればよいのかを身につけたのである。三十六歳の親父が二歳児によしよしされているというのも妙な状況だが、小さな手で身体をさすられていると、不思議と心の痛みが寛解していく。

二人のふるまいが父の喪失を和らげる。父は祖父を幼い頃に亡くしているが、私が生まれて父になる気分はどんな感じだったのだろうか。祖父と一緒の時間を過ごすことができなかった父は、おそらく私とはまったく異なる感慨を持ったにちがいない。明確な父親像を持てないまま父になることに、重責を感じたかもしれない。

父は以前、「五十歳くらいまで、章太郎がどうなるのか見たいな」と言っていたことがある。病気が判明するずいぶん前のことだ。実際には、三十五歳までの私しか見られなかった。息子が五十歳になる頃、生きていれば私は八十歳くらいか。たしかに、二人の人生がどうなっているのかを見てみたい。

年末年始、二人の息子は、ほとんど毎日、りんを鳴らした。星になったじいじへの挨拶である。もう自力で動けなくなった時、病院で父を抱きしめて、よしよししてあげたら、父の心は少しは楽になったのだろうか。もちろん、六十九歳の父に三十五歳の息子が、そんなことなかなかできないのだけれど。

やってあげればよかった。そういうことがいくつもある。

8 死のイメージ ──死と孤独α

きっかけは何だったか忘れてしまったが、中学生の時に実家近くの書店で『エジプト死者の書』(ウォリス・バッジ編、今村光一訳、たま出版)を取り寄せてもらったことがある。あの頃の私は(いまもだが)、人は死んだらどうなるのか、という問題に強い関心と不安を抱いていた。おそらく、その流れで古代エジプトの死生観に触れたくなったのだろう。じつは、書店で本を取り寄せるという経験は、後にも先にも、あの『エジプト死者の書』だけである。その後、出版業界にはネット通販の波が押し寄せてきた。

読んだのは二十年以上も前のことなので、本の中身について詳細に覚えているわけではないのだが、古代エジプト人は、現世と来世をある種の連続性のうちで捉えており、先に来世に旅立った家族が幸せで暮らしていると、自分たちも幸せになれる、ということを信じていたという。

エジプト神話が伝えているところによれば、人間は霊界（死後の世界）で「審判」を受けることになる。秤の一方には正義と真理の象徴「マアトの羽毛」が、もう一方には（生前の）良心の象徴「心臓」が載せられ、マアトの羽毛よりも重い罪を生前に犯した場合、秤は傾く。秤が傾いてしまうと、審判を受けた者の心臓は奇怪な怪獣に餌として与えられ、ただちに霊としての命を断たれるらしい。マアトの羽毛とつり合いが取れたら、はれて霊として永遠に生きることが可能になる。

現世で重い罪を犯した人にとっては恐ろしい物語だが、このような審判のモチーフは、仏教やキリスト教にも共有されており、ある種の普遍的な意味を持っている。端的に言えば、よくできているのである。そう思う理由は、大きく三つある。

（一）死後の世界で審判があると信じられていると、生の世界で善行を積もうという動機が生まれる。つまり、審判は人がよく生きることを可能にする。

（二）（少なくとも善人は）死の不安が軽減される。このことは自分の死だけではなく、近しい人の死に際しても言える。

(三) 生の世界で恵まれた環境にいなくても、よく生きれば、死後の世界における幸福の可能性が約束されている。それは絶望の打ち消しの可能性である。

逆に言えば、この審判の物語の権威が失墜すると、私たちは三つの問題を立て直さなければならなくなる。すなわち、(一) 生の倫理、(二) 死の不安、(三) 生の絶望、である。哲学の観点から言えば、(一) 生の倫理と (三) 生の絶望も簡単な問題ではないが、これは普遍的自由の理念を社会の基底に据えたり、社会福祉の一般条件を整えたりしていくことで、部分的には解決されうる。ところが、(二) 死の不安にかんしては、物語にかわる有効な対案が見当たらないように思われる。

さまざまな選択が許されている自由な社会で、私たちは死をどう扱えばよいのだろうか。他の諸権利と同様に、何を信じるかは個人の選択に任せるべきことなのか。かりにそうだとして、死が共同的物語から個人の信仰へと引き渡されるとき、私は——私とはまったく異なる物語を持っているかもしれない——他の私 (他者) の死に対してどういう態度を取れるのか。今後、不定期にいくつかの回を使って、このことを哲学的に考えてみたい。

猫と眠る

　私が死んだら、飼い猫のシェーラーと一緒に眠る。いつの頃からか、私は漠然とそんなイメージを抱くようになった。墓には、「岩内博士、愛猫のシェーラーとここに眠る」といかつく彫ってほしい。管理するのに便利なのは、近くの飯村墓地あたりか。もちろん、墓にはシェーラーの遺骨と私の遺骨が隣り合わせで埋められている。

　そんな話を妻にしたら、「じゃあ、あなたは動物霊園行きだね」と言われてしまった。岩内博士は豊橋動物霊苑で愛猫シェーラーと永眠する。しかし、これは無理な相談だし、当のシェーラーもそんな永眠ご免だろう。

　どうして猫と眠りたいのか。その理由は一つ。安眠である。猫はよく眠る生き物だが――おそらくシェーラーは毎日二十時間くらい寝ているのではないだろうか――、私が感心するのは、猫が眠りを心底肯定しているように見えることである。人間だったら、こんなに一日中眠っていて、何もしなくてよいのだろうか、と、疑問に思いそうなところを、猫はむしろ無為こそが私の生きる道なのだと、それを自然に受け入れている。

つまり、私はシェーラーから「眠りの哲学」を学んだ。それは、良心の呵責なく眠るための心構えのようなものだ。彼がうちに来たのは、私が妻の働いたお金で生活していた時分である。たとえば、朝早く、妻が仕事に行くのを玄関で見送る。そこから、妻が働きに出ている間に、もう一度眠りにつくことは道徳的に許されない、と、私は思っていた。パートナーが懸命に働いている時に、自分は家で寝ているなんて、と。いま思えば、私の心にあったのは、人間は目覚めている限り、(生産的な)何かをしなければならないという強迫観念にも近いものだったかもしれない。

しかし、猫を見ていると、人間の労働など何のその、それを相対化する視線を向けてくる。これは当時、妻も言っていたことなのだが、社会に出て働くことだけが人生のすべてではない、ということを教えてくれる。多少大げさに言えば、反資本主義かつ反マルクス主義。働かないことこそ正義、という雰囲気。もしシェーラーが言葉を話すなら、朝の会話はこんな感じになるだろう。

「今日も仕事に行きましたな」
「人間の労働者は大変ですね、朝から晩まであくせく働いて、かわいそうに」

「まだ朝早いけど、どうするかな」
「寝ましょ、寝ましょ、私がお供します。妻が働いているからといって、それに合わせる必要なんかありません。自分を責めてはいけませんよ。われわれが真の勝ち組、有閑階級なのです」

怠惰を肯定したいわけではないし、私たちが人間である以上、一日中寝ていればすべてがうまくいくわけではないのだが（誰が私に餌をくれる？）、シェーラーが教えてくれたのは、時間の使い方は基本的に自由であり、遊びたいときには遊び、眠りたいときには眠ることが大切なのだという、猫のフィロソフィーだった。ハンナ・アーレントがどこかで書いていたように、一般に受け入れられている労働のための休暇という考え方は倒錯している。なぜなら、この場合、人間は働くために休むことになり、休暇や睡眠そのものを目的として味わうことができなくなるからである。眠りは経済原理の外側にあるべきものなのだ。
永眠することを英語で rest in peace と言うが、私にとっての平和な休息に猫は不可欠。それは、生産性という論理や成長という描像からの解放であり、自我の不安や生の焦燥感の鎮静化でもある。食べていくためにせっせと働くことを止め、私は何者なのかという問いからも解放されて人は死んでいくのだとしたら、死の生に対する位置関係と、猫の人間に対する位置関係には、どこか近しいものがある。眠りを肯定する猫が、その死を自然に受け入れると言われているのは、偶然ではないのかもしれない。

だから、死んだ後に眠るなら、私はシェーラーと一緒に眠りたい。死は猫と一緒にするとても長いお昼寝——このたわいないイメージは、もちろん最初は冗談半分で妄想していたことだが、こんな物語でも存外死の不安が少しは軽減される。ちなみに、いまとなっては私も労働者となり、毎朝、シェーラーに見送られて出勤している。

小さな形而上学／大きな科学

さて、猫と一緒に眠るという私の頭にあるイメージを「小さな形而上学」と呼んでみるなら、現代社会で立ちはだかるのは「大きな科学」だろう。ここでいう科学とは、実験や観察から得られる定量的データ、また過去の事例を集めた統計的データに基づき、仮説（法則、力、モデルなど）の妥当性を検証していく方法および理論体系のことである。

大きな科学がもたらすものを端的に言えば、人間についての物質的イメージである。人間を観察可能なものに還元してしまえば、私たちは微小な物質の寄せ集めにすぎず、死はその循環や秩序の解体として意識される。この視点から神話や小さな形而上学を見てみるなら、それらは根拠不明の虚構的仮説、さらに強く言えば、死の不安がつくりだした人間の妄想ということになるだろう。実証科学は観察しえないものに存在の資格を与えない。物質的肉体は死によって生命活動を終え、意識は永遠にブラックアウトし、人間の一切は無に帰する。特定の物語を信じるよりは、この合理的な説明を受け入れている人も少なくないだろう。

ところが、生命活動が停止し、人間の身体が物質的に解体されるという考えと、人間の一切は死んだら無に帰するという考えは、じつは本質的には別物で混同されてはならない。というのも、前者は観察に基づき科学的に確証されることだが、後者はそこから推論を働かせることで現われる、一種の(形而上学的な)根本仮説にすぎないからだ。

死は人間を無にするという考えは、科学がつくりだす一つのイメージにほかならない。これはちょうど、キリスト教徒が魂の永続性を信じるのと構造だけ見れば同型である。それゆえ、死と無を同一視する考えは、科学の真の実証精神からは逸脱している。死んだ後に何が待っているのかについては——少なくとも現在の科学の水準では——分からない。これが科学的にフェアな言い方である。私の意識を観察できるのは私だけであり、私が死んだその瞬間に、それがどうなっているのかを外部に伝達することは叶わないのだから。

だとすれば、死後の状態をめぐる議論としては、小さな形而上学と大きな科学はさして変わらないことになる。科学を絶対視する人にとっては許容できない結論かもしれないが、死後の世界については、審判も猫との眠りも全き無も、すべて同じ地平にある一つのイメージにすぎない。そして、何を選ぶかはそれぞれの〈私〉に任されている。これはつまり、いかなる選択肢であっても任意性を免れない、ということだ。

死の孤独の現代性

死後の世界をどうイメージするのかは、それぞれの〈私〉の自由である。宗教を信じる人であれば、その世界説明を受け入れる。小さな形而上学を持つ人は、自分にフィットする推論や仮説を支持する。真の実証精神を抱く人であれば、理性はこの問いに答えを出すことはできない、と言うかもしれない。

しかし、いずれにせよ注目すべきなのは、現代では死が個人の自由に引き渡される、ということである。端的に言えば、多くの人は、〈私〉が信じているこのイメージは普遍的な共有可能性には開かれていないということを自覚しながら、死の不安を引き受けることになるのだ。すると、死の自覚は孤独と隣り合わせにもなるだろう。ポール・オースターは、死をこんな風に表現している。

ある日そこにひとつの生命がある。たとえばひとりの男がいて、男は健康そのものだ。年老いてもいないし、これといって病気の経験もない。すべてはいままでのままであり、これからもこのままであるように思える。男は一日また一日と歩みを進め、一つひとつ自分の務めを果たし、目の前に控えた人生のことだけを夢みている。そしてそれから、突然、死が訪れる。ひとりの人間がふっと小さなため息をもらし、椅子に座ったまま崩れおちる。それが死だ。（ポール・オースター『孤独の発明』柴田元幸訳）

ここにあるのは、非常に現代的な死の感覚だ。審判も救済もなく、ある日、ふっと小さなため息をもらして、人はそのまま崩れ落ちるだけ。死は、いわば落とし穴のように人を待ち構えている。ところで、このような死の感覚は、生の感覚の延長線上にあるだろう。生の倫理と死の倫理には相関性があるからだ。宗教共同体で生きる人は、自らの死の意味づけをその宗教の教義から得る。個人が自由に死の意味を選択する共同体で生きる人は、〈私〉の死を自由に解釈しなければならなくなる。

〈私〉は自由に生きることができる。宗教を信じてもいいし、信じなくてもいい。他者とかかわってもいいし、かかわらなくてもいい。〈私〉はその途上で、自由に、死を迎える。そして、その意味は〈私〉に委ねられている。

では、他者（もう一人の〈私〉）は、〈私〉との隔絶をその外側から眺めることしかできないのだろうか。オースターは、こうも書いている。

私は思い知る。他人の孤独のなかに入り込むことなど不可能なのだと。わずかであれ、我々が他人を知ることができるとすれば、それは、その他人が自分を知られることを拒まないかぎりにおいてなのだ。寒いね、と誰かが言うとする。あるいは何も言わなくとも、その誰かが震えている姿を我々が見るとする。どちらの場合も、その人間が寒がっていることを我々は知る。だが、何も言わず、震えもしない人間がいるとしたら？

（同書）

隣人に寒いねと言われたら、この人が寒がっていることを〈私〉は知る。言葉にはしなくても、体が震えていれば、その人が感じている寒さを知ることになる。しかし、言葉にもしないし、震えもしないとしたら。そういう人の心のありようを知る可能性は、〈私〉には原理的に閉ざされている。他者が〈私〉を拒むなら、〈私〉は他者の孤独に入っていけない。そして、隣人の生の孤独を知ることさえない〈私〉が、死を前にした者のそれに触れることは決してない。

この孤独は——誤解を恐れずに言えば——現代社会で保障されている自由に深くかかわっている。それは、思想や信条といった個人の内面性が不可侵なものとなるからだけではなく、その表現もそれぞれの裁量に委ねられているからである。つまり、死にゆく者の孤独は神話や宗教が共有されていないからこそ生じる、現代ならではの課題なのだ。

（第10回「死の抑圧——死と孤独β」に続く）

9 一周忌

二〇二四年二月三日

一周忌の当日、札幌は強い寒波の影響で大雪だった。一年前、父が死んだ札幌も雪の降る厳しい寒さに見舞われていた。札幌らしい季節や風景は、どうしても父のことを思い出させる。いま私が歩いているこの街は、いつかの父が歩いた札幌にほかならない。これからここで寒い思いをするたびに、私は父のことを考えるのだろう。そんな明るいとは言えない予感が心の中にあったが、不思議と悪い感じはしなかった。

前夜は、氷点下の中、すすきのにあるＢＡＲ一慶で母と弟と三人で酒を飲んだ。以前、私が友人に連れてきてもらったオーセンティックなバーで、父好みの雰囲気である。飲んだものは父が好きだったニッカウヰスキー「余市」。天国からさぞ羨ましがっているにちがいない。ロックでぐびぐび飲む兄弟を見たら、「かっこつけやがって」と笑っているかもしれない。

軽い二日酔いの中、一周忌を執り行なう寺まではタクシーで向かうはずだったが、予約の電話がつながらない。翌日の二月四日は雪まつりの初日だったので、国内外から観光客が詰めかけ、大勢がタクシーを利用しているのだ（ちなみに、新聞記者の弟は不運にも雪まつりの担当で忙殺されていた）。これはだめだね、と、母と話し、思い切って国道に出て、吹雪の中、流しのタクシーをつかまえることにした。

でも、通り過ぎるタクシーはみな客を乗せている。たまに乗せていなくても、迎車になっていてつかまらない。もう諦めて地下鉄と徒歩で行こうかと話していたら、そこに運よく空車のタクシーが一台現われた。祭壇に供えるお花なども両脇に抱えていたので、いやー助かりました、と、運転手にお礼を言うと、いまはぜんぶ出払ってますからね、と、笑っていた。

岩内家は信心深くない。とりわけ父は坊主が嫌いだったので、一周忌を寺で行なうのはどうなのかとも思っていたのだが、その寺のＦという坊主だけは好感が持てる人物だった。弟曰く「破戒僧」。もちろん、これは否定的な意味ではなく、極端に世俗化され欲にまみれた寺の戒律を破るという意味での、本来の仏教道を行く僧侶への敬意を込めた表現である。

前年に開かれた父の葬儀と告別式を取り仕切ったのは、偉そうで横柄な態度を取る坊主だった。遺族として挨拶に行っても、まともに返事もしない。葬儀屋も辟易しているらしく、私が、あの坊主の態度はやばいですね、と、冗談めかして伝えると、いつもああなんです、と、申し訳なさそうに答えた。どうやら寺の住職らしい。何のありがたみもない。

Ｆと面識を得たのは、葬儀と告別式が終わり、今後の打ち合わせのためにＦが実家に来たのが始まりである。またあの生臭坊主だったらどうしよう、と、みんなで話していたのだが、実家に来たのは見たことのない人物だった。家族一同、最初は警戒していたのだが、Ｆは初対面の挨拶だけで、これはいつもと違うかもしれない、という印象を私たちに残した。

お経をあげるにあたり、Ｆは般若心経などが書かれたもののコピーを家族全員に配り、間違ってもいいから一緒に読み上げてください、と言った。初めての経験である。慣れない経を声に出して読むのは難しかったが、時々、Ｆは自分の声のボリュームを下げて、私たちの声が聞こえるようにする。お世辞にも敬虔とは言えない、岩内家の声で経が唱えられているのは変な感じもしたが、たしかにこれだったら、父の供養にはなるかもしれない。

葬儀が終わってもなお、仏壇、四十九日の法要、初盆、一周忌、三周忌、檀家回りのスケジュールなど、決めなければならないことがたくさんある。しかも、すべてにお金がからむ。そのせいで、告別式の翌日から家にはひっきりなしに営業の電話や訪問があった。この国では、死は金になるのか。父の死も資本主義の一部になったらしい。かなしみで疲れはてている遺族に、物を売る。あっちも商売だからしょうがないのだけれど、私からすれば、死を狙ってここぞとばかりに営業をかけるのは、禿鷹のやり口である。

たとえば、仏壇。私の家には母方の仏壇がすでにあった。しかし、父の一族とは宗派が異なるので、仏壇を分ける必要があるという。ただでさえ葬儀でひどい支出なのに、さらに出費がかさむ。父がいたら、「俺の仏壇はいらないから、どっかに写真だけ置いといてくれ」などと、言うはずだ。

私たち三人にとっては、宗派なんかどっちでもいいのだが、父が不在の状況でこのことを考えようとすると、「家」と「家」の問題になってくるからややこしい。昔の世代と若い世代の価値観も大きく異なる。近しい親族の間でも意見が分かれたり、それまでには見えなかった人間関係が、よい意味でもわるい意味でも、浮き彫りになったりする。率先して矢面に立って（いつもキレて）いた父がいなくなると、親族関係はある種の乱戦の様相を呈してくる。

そんなことを考えながらFにどうすべきかを相談すると、宗派が異なれば仏壇を分けなければいけない、というのは民間信仰です、と、毅然と言い放った。また、Fによると、（母が気を揉んでいた）禅宗である曹洞宗が作法や格式に厳しいというのも民間信仰にすぎない。この繰り返される「民間信仰」という言葉が、哲学好きのアウトロー兄弟とロックな母に刺さり、岩内家の信頼を勝ち取ったというわけである。おそらく父も、この中年の破戒僧を面白く思うにちがいない。その辺の感受性は私たちとよく似ているのだ。

一周忌でもFは全員に経を配り、間違ってもいいので一緒に読み上げるように言った。一年前のことを思い出して、私はちょっと可笑しかった。般若心経を読み間違ってニヤニヤしていると、その私を見て、横に座っている弟も声を殺して笑っていた。相変わらず変な坊主だな、と、耳元で父の声がした。

一周忌は小祥忌とも呼ばれる。その理由をFはこう説明した。一年の間、残された家族が何とか支え合って毎日を過ごし、本日、故人のため無事に回向することができるから、一周忌は小さい喜びの日になる、と。一人ずつ焼香が回って、それを故人の方へと送りかえすことは、それぞれが故人への想いをたむけることを意味する。そうやって、元気にしている姿を父に見せる。それが一番の供養になる。風変わりな破戒僧の飾らない言葉に、私は仏法の真髄を垣間見た気がした。

その日の夜は、父の秘蔵のワインのうち手をつけていなかった、私が生まれた年に製造された赤ワインをついにあけ、母と飲みながら、久しぶりに『ゴースト／ニューヨークの幻』を見た。父の思い入れのある赤ワインだったが、正直、かなり飲みにくく、私は美味いとは思わなかった。案外、そんなもんだ。父が買い集めていたワインもこれでほとんどなくなった。『ゴースト』を見ながら、外国の映画でも伝わるものがあるね、と、母がつぶやく。たしかにそうだ。一九九〇年のアメリカでつくられたロマンスが、二〇二四年二月三日、父の一周忌にその妻と息子の心を動かしている。

二〇二四年二月七日

父が死んで、ちょうど一年になる日だ。諸般の事情で一周忌は早めに行なったのだが、父の命日はやはり特別な気持ちになる。大学で仕事が手につかない。葬儀や告別式がそうだったように、一周忌は親戚が集まるイベントという感じであっという間に終わってしまったが、今日は一人で父の死を思う。脳裏をよぎるのは、父危篤の知らせを受けた一年前の日のことである。

二〇二三年二月七日八時五十分、長男を幼稚園に送り届けた道すがら、母からＬＩＮＥでメッセージをもらった。「急変、病院に行ってくる」。弟夫妻と伯母も東札幌の病院へ向かったらしい。なかなか電話がつながらない。しかし、もしかしたら死に目に会えるかもしれない。大急ぎで家に帰り、身支度を整えていたとき、ようやく母と電話がつながる。医者の話では、どうやらもって午前一杯。もう駄目らしい。

母に頼んで、もはや話すことのできない父と電話をつなぐ。父は「ぜぇぜぇ、あー、うぅ」としか言わない。でも、相手が私だということは分かっていたと思う。弟には最後、枕元で「がんばれ」と伝えたらしい。そういえば、私が最後に病室を出る時にも、父は消え入りそうな声で「がんばれ」と言った。だとすれば、「がんばれ」が私たち兄弟への最後の言葉となる。

一月中旬に院内でコロナ感染があって、原則として面会が禁止されていたのが、父の思いが天に通じたのか、二月六日に解除。同日、十五時十五分に「明日、面会に行ってきます」と母から連絡をもらっていた。父が危篤になったのはその翌朝のことである。どうしても、最後に母の顔を見たかったのだろう。死の間際、父は母の顔をゆっくり見てから、息を引き取ったという。長年連れ添った夫婦は不思議な絆で結ばれているのかもしれない。

もう間に合わないことは分かっていた。だとしても、札幌に帰らなければならないと思い、私は諸々の手続きを済ませるために一度大学に行く。その間、豊橋から札幌へ行く身支度は妻がすべて整えてくれた。大学の研究室についてまもなく、午前十一時に「お父さん、死んじゃったわ」と母から訃報の連絡がある。死亡診断書によると、父が死んだのは十時五十六分。きっと、母はすぐに私に電話をくれたのだ。死に目には会えなかった。

十二月に病状が急激に悪化した際、母は遠方に住む私に「気持ちはわかるけど、お父さんの臨終には立ち会えないということを覚悟しなさい」と言った。私は妻と子どもと相談しながら父との時間を過ごしたいと思っていたのだが、そういう私の気持ちを見抜いたのか、母は私にそう告げた。

「お父さんもあんたの状況は分かってる。愛知県に家族がいて、仕事があって、こうやって札幌に来るのが大変だってことも。もちろん、最終的にはあんたが決めればいいけど、無理するんじゃない。割り切りなさい」

　そんなこと言われても、やっぱり割り切れない、というのが正直な気持ちだったが、母の言っている意味はよく理解できた。やりたいことが全部思い通りになるわけではない。両親の死に不安を感じながら生きてきた私が、父の死に目に会えないというのは皮肉な話だったが、これも何かの因縁かもしれない。時間を巻き戻すことはできないし、豊橋から札幌に瞬間移動もできない。これが故郷から離れて家族と暮らす私の限界だった。

　ただ、あの母との会話がなければ、父の訃報に際し、私はもっと狼狽えて動転していただろう。母の一言で、札幌で暮らす母や弟に対する後ろめたさも幾分和らいだ。いま思えば、死にゆく人が身近に現われたとき、これから遺されようとしている人びとが、改めて互いの気持ちに向き合おうとすることが大切なのだと分かる。

　ネガティブな感情を共有するのは簡単ではないし――いい歳の大男が母の前で泣くのか――、喪失の予感はそれぞれの孤立の感情と混ざりやすいものだが、避けられない互いの孤独を前提として、それを持ち寄る可能性は常にある。そうした意味でも先述の母の言葉は、私の感情を先回りしており、やっぱり母は偉大だと思った。

　父の訃報を待つ、長い一年だった。訃報の後に待っていたのは、かなしみの一年。母は人前で滅多に泣いたりしない人だったから、この二年で母の一生分の涙を見た気がする。

二〇二三年一月二十四日

父と会って最後に話をした日である。先に書いたように、一月中旬に院内でコロナ感染があり、患者との面会は原則として禁止になっていたのだが、主治医と相談をして、コロナワクチンを規定回数受け、前日に札幌でＰＣＲ検査を受けた上で、特別に三十分の面会が許可された。つまり、これで最後だから長男のわがままを聞いてくれたのだ。父は隔離された無菌室にいた。父のいうカフカの世界である。

一瞥のうちに病状は深刻であることが見て取れた。寝返りのために身体を動かすのも、人と話すのも億劫そう。父の手は震えていて、携帯電話を充電することもままならない。しかし、手には携帯電話がぎゅっと握られている。きっとここで一人過ごす父にとって、携帯電話だけが外界とつながる唯一の方法だった。

一月の初旬に電話した時、私は父に今後の生の指針を求めた。父なしの生で迷わないための、父の死に対するささやかな抵抗である。父はかすれた声で同じことを何度も繰り返したが、半分くらいは何を言っているのか分からなかった。それでも、三つのことを父は懸命に伝えようとしていた。

（一）哲学者としての志
（二）学者としての専門性
（三）現代哲学への果敢な挑戦

「本ばっかり書いて、本屋になってはいけない。学者として業績を積まなきゃダメだ。しかし、根本の問いは、哲学とは何か、ということだな。これを理解している人間はそんなにいない。哲学とは何か、これが根本の問いだ」

最後まで自慢の息子の将来を期待する、もっともっと高く飛ぶことを願う、父らしい助言。母の話では、その時の父はすでに曜日感覚さえ失い始めていた。電話するたびに、今日は何曜日だと聞いていたというのだから。もはや思うように回らない頭を何とか使って、この期に及んでむちゃなことを訊ねてくる子に父の思いを託してくれたのだろう。大したものである。

父は私をほとんど褒めなかった。記憶にある限り、私が父に褒められたのは二回。一つは、高校時代ラグビーの国体選手に選出された時、もう一つは、講談社から『新しい哲学の教科書』を出してデビューした時である。父は死に物狂いの努力しか努力とは認めず、現状維持や満足を嫌う人だった。志と挑戦——これまでの三十五年で父から教わったのは、まさにこの二つに尽きる。だから、あの電話は、父の生き様を、そして、父と子の関係を総括したものだったとも言える。

母が病室を出ていった後、いま大きな仕事を準備している、と、父にこっそり告げた。私たちが病室に入ってからもほとんど会話はできず、こちらが一方的に話しかけていたのだが、父は目を見開いて、「自信あるのか」とだけ言った。きっと父には読んでもらうことはできないという思いがこみあげてきて、うまく答えることはできなかった。

しかし、その父の声には、幾度となく私を鼓舞してきた——同時に、何度も馬鹿阿呆の大喧嘩に発展した——挑戦的なリリシズムがあった。私は重病人とは思えない不敵さを帯びている声に驚いた。まもなく父は死のうとしていた。だが、父はまだ生きていた。

一周忌の夜、札幌の父の書斎で椅子に座り、自信あるのか、と、私は独りごちてみる。聞く人を持たないその声は、無菌室でつぶやかれた父の声にどこか似ていた。

＊

追伸　この間、父さんが心配していたテニュア審査が通ったよ。約束した本は三十代のうちに出します。本が出たら、仏壇に供えます。あと、Ｆは三月に寺を去るそうです。

10 死の抑圧
——死と孤独β

「死のイメージ——死と孤独α」（第8回）では、神話や宗教が共有されない時代に、死のイメージは個人の裁量（思想や表現）に委ねられる、ということを書いた。人間が神話や宗教から自由になればなるほど、死をいかに引き受けるのかは個人の選択に任されるようになる。科学の時代になった今でも、人間が感じる死への恐怖は変わらない。ドイツの哲学者エルンスト・カッシーラーは、死の恐怖と神話の機能について、次のように書いている。

しかし、神話において、人間は新たな一風変わった技術、すなわち表現する技術を学び始める。そして、このことは、彼のもっとも深く根ざした諸々の本能、様々な希望や恐怖を組織化することを意味している。

この組織化の力は、人間がその最大の問題――死の問題に直面したとき、その最大の威力を現わすのである。死の原因を尋ねることは、人類の第一の、またもっとも切実な問いであった。死の神話は、いたるところで――人間文明の最低の形式から最高の形式にいたるまで――物語られている。（エルンスト・カッシーラー『国家の神話』宮田光雄訳）

人間の希望や恐怖は、神話という表現に媒介されて、組織化される。とりわけ、死の恐怖は凄まじく、その原因を求めることは、古来、人類の最も切実な問いだったという。だからこそ、死の神話は、あらゆる文明において物語られている。つまり、神話は死の恐怖に形を与えたのである。

原始人が慄いた死の神秘は、神話の中で体系的に表現されることで姿形を得、そうして死は概念として理解され、いくらか耐えうるものにさえなった。理解不能な出来事としての死に脅かされる時代は終わり、人間は死をわがものとしたかにも見えた。

ところが、近代に入ると、神話の力は弱まり、死の新たな担い手は自然科学になる。そこで死は、物理的身体の秩序の解体として、神話よりもさらに精緻に、より客観的に理解されるようになる。

しかし、神話とは異なり、自然科学は物語を持たない。死後の世界については何も語らないのだ。すると、神話が抑えこんでいた死の不安は再燃し始める。死の意味を他者と共有することができなくなり、死の不安を一人で引き受けなければならない、という新しい問題が現われるのである。

今回のエッセイでは、社会学者のノルベルト・エリアスの議論を参照して、死がいかに孤独と結びつくようになったのかを、ちょっと違う観点から考えてみたい。

閉ざされた人／開かれた人

エリアスはポーランド生まれのユダヤ系ドイツ人社会学者である。第一次世界大戦で通信兵として従軍した経験を持ち、その後ナチスが台頭してくると、フランスやイギリスに亡命している。二つの世界戦争の偶発的な暴力に人生が左右されるという経験が、その後のエリアスの思想の基盤になっていく。すなわち、社会とは無関係に一人で生きられると思っている人でも、その〈私〉は社会のゲームに否応なく巻き込まれている、と考えるようになるのだ。
人間は「個人」として生きるのではなく、社会的な「相互依存関係」のゲームの中で生きる。そのつどの社会の在り方に個人の在り方は依拠せざるをえない。エリアスはこのような見方に立ち、人間の行動や社会構造の時間的変化を考察した。これは「フィギュレーション（形態）の社会学」と呼ばれる。平たく言うと、他者との関係を抜きにしては、人間を上手に捉えることはできない、ということである。

興味深いのは、エリアスの生きた時代の哲学は、逆に「個人」や「主観」を大切にしていた、という点である。それは、近代哲学の父と呼ばれるデカルトから脈々と受け継がれる孤立した人間像である。デカルトの「我思う、ゆえに我在り」というテーゼを聞いたことのある人もいるかもしれない。

哲学は、他者や社会から独立して存在する〈私〉の純粋性にこだわる。しかし、これは間違っている、と、世界戦争に巻き込まれる個人を見ながら、エリアスは思うのである。そうして、〈私〉の哲学を批判し――じつは、エリアスは新カント派（〈私〉の哲学の代表的学派）の哲学者リヒャルト・ヘーニヒスヴァルトの指導を受けている――フィギュレーションの社会学へと転向するのだ。

哲学者が思考の起点とする〈私〉の存在を、エリアスは「閉ざされた人」と呼ぶ。それは、現実にある社会的諸関係が捨象された人間のイメージであり、省察する孤独な〈私〉から抜け出せなくなってしまった自己の姿でもある。エリアスは、こう書いている。

その自己経験とは、自分自身すなわち固有の「自己」がなんらかのかたちで自分の「内面」に存在し、その「内面」において見えない壁によって、「外部」にあるすべてのもの、いわゆる「外界」から分離されているかのように、人間に思わせるものである。みずからの自己を一種の閉ざされた容器、閉ざされた人（homo clausus）と思うこの経験は、その経験を持つ人々にとってはただちに明白なものに思える。（ノルベルト・エリアス『社会学とは何か』徳安彰訳）

〈私〉の内面はその外部と見えない壁で隔てられている。外界と接触を持つのは肉体（感覚）だが、〈私〉の本質的な部分は自らの内面に住まう。このように、一切の外部世界から遮断された、閉ざされた容器のようなものとして自己の感触を手にする人間が、エリアスのいう「閉ざされた人」である。

しかし、実際には、人間は他者に対して閉ざされてはいない。それどころか、〈私〉はつねに他者とのかかわりにおいて存在するし、そこから出ることはできない。だとすれば、〈私〉の存在には何らかの形で他者が入り込んでいる、と考えた方がよい。

近代哲学が想定した自己のピュアな内面性は、こうして自己と他者が複雑に混在しながら生成変化していく「フィギュレーション」に置換される。孤立した〈私〉という「閉ざされた人」に対して、エリアスは他者との相互依存関係にある〈私〉を「開かれた人（homines aperti）」と呼んだ。

「開かれた人」は――とりわけ、感情的な――相互依存関係の永続性のうちで生きる。そして、〈私〉に内属するこの関係性の結び目が露呈するのは、しばしば親密な他者を喪失した後である。

愛する人が死ぬことは、残される人の社会的「外界」の中で何かが起こり、「外的原因」としてその人の「内面」に作用することではない。何かが「そちら」で起こり「こちら」に作用する、という言い方はまったく不十分である。残される人と愛する人の感情的関係は、そのようなカテゴリーによっては的確に表現できない。愛する人が死ぬことは、残される人が自分自身の一部を失うことである。残される人のつながった結合子とつながっていない結合子からなる関係構造の中の結合子の一つは、かつては他者に繫ぎ留められていた。そして今、その他者が死んだ。残される人自身の統合的な一部、その人の「私とわれわれ」のイメージが、打ち壊されたのである。（同書）

愛する人の死は、外界から内面へ、そちらからこちらへ作用するという言い方では表現されえない世界の壊れを含んでいる。というのも、愛する人を失うことは、自己と世界の結び目そのものを失うことだからである。それはつまり、フィギュレーションの全体が変わることを意味する。

たとえば、私と父は、言うまでもなく、別々の人格を持つ存在である。この点で言えば、私と父は、それぞれ「個人」として生きているように思える。実際、父が死んだ後も私はこの世界に存在し、この私として生きている。

ところが、父の喪失がもたらしたものは、単に父という存在がいなくなることではない。父に会ったときに感じていた情緒や、何か物を書くたびに父からもらっていた感想、父がいたときの家族関係、父が持っていた私の仕事への期待など、私と世界を結びつけていたものをも私は失った。私は父との関係性を介して、この世界にかかわっていた。そして、そのようなかかわりや関係性の総体が〈私〉の内実である。だから、愛する人を失うとき、〈私〉は〈私〉自身を失うに等しい。この自己喪失は、〈私〉が「閉ざされた人」ではなく、本質的に「開かれた人」であることに由来する、と、エリアスは言う。

死の隠蔽

エリアスには、『死にゆく者の孤独』という論考がある。この本の大きなテーマは、「閉ざされた人」が経験する孤独な死である。

多くの人は徐々に死んでゆくのだ。――弱くなり、老いてゆくからである。死に際の数時間はもちろん重要である。しかし他者との別れは、実はそれよりもはるかに早く始まっていることが多い。(……)老人や死を迎えつつある人々が活動的な共同体から暗黙のうちに隔離されてしまうこと、好意を寄せている人々と永年にわたって築いてきた親密な間柄が徐々に冷却してゆき、大切な人、安心感を与えてくれる人たちの全部から遠く離れてしまうこと——何が辛いといって、これほど辛いことはないのである。（ノルベルト・エリアス『死にゆく者の孤独』中居実訳）

多くの人はだんだんと弱くなり、死んでいく。しかも、閉ざされた人の死は、実際に死ぬよりも前に始まるという。それは、死は心臓や脳の活動停止だけを意味するのではなく、これまでの親密な関係を徐々に失い、社会の表舞台から姿を消していく過程として経験されるからだ。しかし、どうしてそんなことが起こるのだろうか。

文明化された社会では、医療が発達し、平均寿命が延び、病気や戦争で突発的に死ぬことは少なくなる。病院のベッドで、できれば親密な他者に見守られながら、安らかに死ぬ——これが現代社会における死のイメージの典型だろう。たしかに、これらは「よい」ことだと言えそうである。ふつう、王の気まぐれや偶発的な出来事のせいで早死にしたい、と、願う人はいない。ところが、このようにして、生々しい死がタブー視され、公共空間から排除されるようになること、それは人間の動物的側面の抑圧でもある。

文明化された社会における「健康」という価値の重さを考えてみよう。でっぷりと太った、好色な大金持ちはすでに一世代前の表象であり、現代の富裕層は身体の健康を優先させるスマートな人びとだ。少しでも生の質を上げるために自己管理し、農薬を使わないオーガニック食品、やたらと高級な水、ワークアウトするためのジム、都会から離れて暮らせる環境など、暮らしのさまざまな場面で健康に投資している。現代社会の豊かさの指標は、単に物質的な消費（量）ではなく、幸福や健康に代表される価値（質）の享受に移りつつあるのだ。

新型コロナウイルスによるパンデミックが生じた際、イタリアの哲学者ジョルジョ・アガンベンが、イタリア政府の感染対策に公然と反対して話題になったことがある（『私たちはどこにいるのか？』）。コロナ禍では健康を守るための「バイオセキュリティ」が至上価値となり、人びとの自由が大幅に制限されたのは、記憶に新しい。外出や営業の自粛、ソーシャル・ディスタンスの確保、死者の隔離……。これらすべてが健康に生きていくための我慢であるとして、多くの人びとは説得された。

ところが、生き長らえることだけにとらわれた人間は、自分の健康のためならすべてを犠牲にする用意がある、と、アガンベンは告発する。だから、政府による有無を言わせない規制と健康権の義務化に、そして何よりも、いとも簡単にこの全体性に従属する人間の姿（＝全体主義）に反対したのである。アガンベンの主張はちょっと過激なので賛否両論あるだろうが、これも文明化された社会が、自由や人間性よりも健康を優先した一つの事例だ、ということは言えるかもしれない。

文明化すればするほど、死を出来させるものや死を想起させるものが忌避される。人間は動物に過ぎない、という当たり前の事実が忘れられる。死に関連する物事が公共空間からうまく排除され、死を間近に見る機会も減るだろう。

死には死にふさわしい場所が――合理的な理由（病人は病院で治療するのが好ましい）とともに――あてがわれるわけだ。すると、死を間近に控える者もまた、生の終わりを予感させる、不吉なものとして、活動的な共同体から周縁化されるようになる。ここで〈私〉の純粋性に閉ざされた人は、このメカニズムに抗う術を持たない。こうして、人は少しずつ死んでいくのだ。

ドイツの哲学者マルティン・ハイデガーは、別の角度から同じ問題に光を当てる。ハイデガーの主著『存在と時間』は、私が哲学の道に進むきっかけをつくってくれた本だが、そこでは、次のように述べられている。

死亡することは、本質上代理不可能なものとして私のものであるのに、公共的に出来して世人に出会われる一つの事件へと、転倒されてしまう。
「死のことを考える」ことからしてすでに、公共的には、臆病な恐れ、現存在の不確実さ、陰気な世界逃避だとみなされる。世人は、死に対する不安への気力が起こらないようにさせるのである。（マルティン・ハイデガー『存在と時間』原佑／渡邊二郎訳）

死は日常生活の中でどういう形をとっているだろうか。端的に言えば、それは一つの「事件」として識別されている。たとえば、テレビやネットでは、毎日、ひっきりなしに、誰かの死が報道される。あるいは、近所の誰かが亡くなると、その噂話はいつの間にか広まるだろう。これらは一つの「事件」であり、世界で生じる「出来事」である。

一見すると、こうした報道や噂話は、死の隠蔽とは対極にある、と思われるかもしれない。しかし、ハイデガーからすれば、死を公共的な出来事の一つとして日夜処理し、それを――〈私〉ではなく――〈私たち〉という匿名の複数形がさしたる困難もなく受け止めているという事実が、むしろ人間が深くかかえる死の不安を巧妙に隠蔽していることを表している。

出来事としての死を耳にしたとき、私たちは大抵こう考えてしまう。すなわち、いつか人は必ず死ななければならない、しかしさしあたり、いまは自分の番ではない、と。このことのうちには、本来、他者に代わってもらうことはできないはずの〈私〉の死を先延ばしにして、その不安から逃避しようとする世人の願望が見え隠れする、というわけだ。

死を完全に隠蔽してしまえば、見えないがゆえに、その不安はかえって強まる。だから、逆に、〈私〉には関係のない出来事として、また、数えられる出来事として、死を大いに語ることで、その不安を隠す。つまり、さして深刻でない死についての公共的な語りが、死の不安を抑え込む。

多くの人は徐々に死んでゆく、と、エリアスは書いた。それは、単に人間が生物として老いていくからではない。「死に瀕しているかれらの姿がほかならぬわれわれ自身の死を想起させてしまうために、われわれの心のなかにこわばりのようなものが生じ、その結果かれらの求めに応えることがついにできないままに終わってしまう」（ノルベルト・エリアス『死にゆく者の孤独』中居実訳）からである。

死が表舞台からその姿を消すということは、死を迎えようとする人が、その終わりに近づくにつれて、社会の舞台の背後に追いやられる、ということを意味する。〈私〉が自分自身を他者との関係から切り離された「閉ざされた人」としてイメージするとしたら、この孤独化の過程を止めることはできない。というのも、その場合、〈私〉という存在の意味が社会から消えていくのをただ見ていることしかできないから。文明化された社会で死のうとしている人が孤独の色彩を強めていくのは、こういうわけである。

閉ざされた人の死

閉ざされた人は、死を排除する社会の力学に従って、隔離されたまま死ななければならない。この、死に向かってますますひとりぼっちになっていき、死以前の段階で〈私〉の存在の意味が消えかかるという、死と孤独の耐えがたい結びつきは、現代社会に特有の現象である。

他者と非常に違っているだけでなく、他者と切り離されてしまっており、かれらとはまったく独立して存在している自己完結的な人間としての自分——このような人間として自分がますます強く意識されるような時代には、孤独な死というモチーフは、繰り返し現われる経験の形なのである。（……）自己の死についてのイメージは、自己自身についてのイメージ、自己の生についてのイメージ、そして同時に、その生の本質についてのイメージとも、この上なく密接に関わっているのである。（ノルベルト・エリアス『死にゆく者の孤独』中居実訳）

死にゆく者の孤独は、死ぬときには一人きりだという事実に起因するのではない。むしろ、まだ死んでいないにもかかわらず、〈私〉はもはや他者から必要とされていないし、周囲の人にとって自分は何の意味も持っていないのだ、と、そう思わされること、これが死にゆく者の孤独の本質なのである。そして、この孤独は、その人が閉ざされた人のイメージを持てば持つほど、深刻で辛いものとなるはずだ。

もちろん、死のうとしている人だけではなく、その人を見送ろうとしている人びとの自己イメージにも大きく左右される。〈私〉の内面性には決して踏み込めない、と、強く信じている人は、死にゆく者が抱える不可侵の内面性を想定し、その暗闇の前で立ちすくんでしまう。それまで示していた親愛の情を示すことができなくなり、死の気配によってその人から足が遠のくのである。

あなたはまもなく死のうとしているが、あなたの存在が〈私〉の牛にとって持つ意味は、いまも変わっていないのだということ、あなたが死んだ後も〈私〉は生きていかなければならなくて、そのことは正直不安でとてもやるせないことだが、それでも、あなたは〈私〉の記憶の中にとどまるということ、そして、いつか〈私〉が同じ場所に行く時まで、〈私〉とあなたの関係は続くということ――。余命を宣告された人や死を間近に感じている人は、それまでと変わらない親しみ深い関係性や居場所、そして、死を抑圧しない社会を必要としている。

> 楽で、穏やかな死を誰にも可能なものにするために、われわれに何ができるか。それをこれから探り当てなければならない。生き残る人たちが死にゆく人に示す親密な情。今死んでゆこうとしているこのわたしは、囲りの人たちに、やりきれない存在などと思われてはいないのだ、との確信。この両者は、疑いもなくその一部である。（……）おそらく、われわれは死についてもっとオープンに、もっと明確に語るべきなのである。たとえその結果、死をひとつの神秘として語ることが終わるとしても。死は、何ひとつ神秘性を持たない。それは扉など開きはしない。ひとりの人間の終局、それだけである。

（同書）

ここで言われている「ひとりの人間の終局」は、死が抑圧された社会で「閉ざされた人」が経験する孤独な死とは、似て非なるものである。それは、神話の時代が終わった後に訪れる、いわば厳とした冷たい事実であると同時に、このことを隠さずに受け止めようとする「開かれた人びと」に囲まれた、ひとりの人間の温かい終わり方なのだから。

（第13回「生きているうちに、死を語る──死と孤独γ」に続く）

11　喪失の後で

父は二〇二三年二月に他界した。私はその直後の思いを『群像』(二〇二三年六月号)に「訃報を待つ」という短いエッセイにして寄稿している。今回書いているものは、『群像』(二〇二四年七月号)に載ることになっているから、父の死を題材に物を書き始めてから、一年以上が経つことになる。

父のことを書き綴るうちに——書くという行為が直接の影響を及ぼしているのかは分からないが、私の場合、とにかく書いているうちに時間が経ったのである——どうやら私の気持ちにはなにがしかの変化があったようだ。

というのも、先日、「訃報を待つ」を読み直してみたら、そこにいる私といまの私との間に一定の距離があることに気づいたからである。たしかに、父の死の知らせを待った一年、ずっと心を占めていた不吉な予感やおのれの無力感、また父の訃報を知らされたときの気の動転や痛みは、相変わらず存在している。でも、昔書いたものを読んでそのリアリティが呼び起こされるということは、すでにそれが過去の範疇に入りつつあることを示してもいる。

正直に言えば、私は最初、『群像』の編集部からエッセイの依頼を受けたとき、これ一度きりだと思って「訃報を待つ」を書いた。ちょうど父を亡くした直後のタイミングだったこともあり、うまく書けるかは分からなかったが、書くなら父のこと以外は書けない、という状態だった。五枚ほどの短いエッセイだが、短距離走に似ていて、かなり特殊な精神状態で一気に書き上げたのである。

ところが、その後、この連載の依頼があり、父のことを月に一度のペースで書くことになった。これは、いわばマラソンに近い。当初、私は、持続的に書くという作業を通じて、父のことが少しは整理されて、願わくはいつの間にか父の死を受け入れられるようになるかもしれない、という淡い期待を持っていた。実際、書いているうちに、父の死はだんだんと私の生活全体に溶け込んだ。

一例を挙げるなら、父の蔵書から私の書架へ移管した無数の本が、すでに私の蔵書の一部となり、いくつかのものにかんしては、私が自分で購入したのか、それとも父の本だったのかがすでに分からなくなっている。父の本が研究室に届いた日には、懐かしい本の手触りや匂いに感極まって、しばらく途方に暮れていたのに、もう自分の本と同じ扱いである。自分でも笑ってしまうくらい、そこには割り切った態度がある。

ただ、連載の依頼を引き受けた時点では見通せなかった新しい発見もあった。それは、誰かの死を受け入れていく過程は、その意味が弱まっていく時間ではない、ということである。父との思い出、父の顔、父の声は、年月が経つにつれてたしかに忘却の河に流れていく。しかし、徐々に過去に沈殿していく喪失は、現在、むしろ私の生の内奥まで浸透し、より確かなものになっている。つまり、死を受け入れていく時間の中で、喪失の意味はより深くなるのだ。

喪失が過去のものになるということは、それを忘れることではなくて、その意味をいわば飲み込んで吸収して、喪失と自分が切り離せなくなってしまうことである。私は父の死をもうかなしんではいない。しかしそれは、以前はある一塊として存在していたかなしみが分解され、私の生の全体に——未来の出来事だけではなくて、過去の記憶にさえも——運ばれていき、取り返しのつかない仕方で、私の感受性や物の見方の全体を変質させてしまう、そういう体験なのだ。

かなしみを忘れていくかなしみ

日本を代表するアニメーション監督、新海誠の作品に通底するテーマの一つは「喪失」だが、その代表作『君の名は。』（二〇一六年）の主題は、単に大切な誰かを失うことで引き起こされるセンチメンタリズムではなく、喪失の後で何を失ってしまったのかが自分にもよく分からなくなるという、記憶以前の記憶と現在の関係が描かれている。

主人公の三葉と瀧くんは、週に二～三回のペースで互いの人生が入れ替わる生活を送っている。しかし、ある日を境にして入れ替わりは起こらなくなり、瀧くんが三葉に連絡を取ろうとしても、電話がつながらない状況になってしまう。

瀧くんは、入れ替わっていたときのかすかな記憶を頼りに、三葉が住んでいた町（糸守）の絵を何枚も描く。その絵を手がかりにして、友人と一緒に三葉を探しに行く。しかし、旅の途中で瀧くんは、糸守が彗星の衝突によって消滅した街だということを知る。その事故によって三葉はすでに死んでいたのだ。

じつは、二人の入れ替わりは空間だけでなく、時間をも超越していて、瀧くんが生きる時間と三葉が生きる時間には三年の開きがあった。時系列としては、こうなる。

二〇一三年十月三日：三葉は瀧くんに会うために東京に行く。電車で偶然会う。しかし、瀧くんは三葉のことが分からない。二〇一三年の三葉は二〇一六年の瀧くんと入れ替わっていたので、二〇一三年の瀧くんは三葉を知らない。三葉は髪を切る。

二〇一三年十月四日：糸守で秋祭りがある。ショートカットにした三葉を見て、友人（勅使河原克彦と名取早耶香）が驚く。二十時四十二分に彗星が糸守に衝突。（何も知らない）瀧くんは東京から遠くの空に映るその様子を眺めている。

二〇一六年十月三日：瀧くんは奥寺先輩とデートしている（入れ替わった隙に三葉が約束を取り付けた）。デートの直後、三葉と連絡が取れなくなり、それ以降入れ替わらなくなる。

二〇一六年十月中旬：瀧くんは三葉を探しに飛騨地方に行く。糸守に何が起こったのかを知る。しかし、自分と三葉が入れ替わっていた時間の痕跡が消えていく。三葉の名前を忘れる。もう一度入れ替わるために、三年前、宮水神社のご神体に奉納した三葉の口噛み酒を飲み、瀧くんは二〇一三年十月四日の三葉と入れ替わる。三葉を含め、糸守の住人を避難させることに成功する。
二〇二一年：瀧くん、就活。すでに昔のことをほとんど忘れている。
二〇二二年の春：瀧くんは三葉と再会する。

空間と空間、時間と時間、そして、人と人が離れては交わるこの映画には、物語全体の基調となる象徴的なモチーフがある。それは、映画の冒頭、三葉と瀧くんによって呟かれる、次の言葉に集約されている。

朝、目が覚めるとなぜか泣いている。そういうことが時々ある。見ていたはずの夢はいつも思い出せない。ただ何かが消えてしまったという感覚だけが、目覚めてからも長く残る。ずっと何かを、誰かを探している。そういう気持ちにとりつかれたのは、たぶんあの日から。

眠りから目覚めたとき、涙が流れている。きっと何かかなしい夢を見ていたのだ。しかし、夢の中での体験は記憶の底に沈んでしまい、覚醒した後では、涙の理由がうまくつかめない。夢は目覚めればいつか消えてしまう。夢の名残として、いわば匿名の情動だけが心に残されていて、自分がどうして泣いているのかは分からない。

この、由来の分からない情動に名前はない。それは具体的な像を結ばない、対象を持たない心の作用だからである。にもかかわらず、記憶としてはすでに存在しない体験の痕跡が、確かに〈私〉の一部になって存在しているということを、それは告げ知らせる。何かが消えてしまったという感覚だけがずっと残っていて、それが忘れてはいけないものを忘れているという直感の呼び水となるのだ。

名前すらも忘れてしまった誰かの存在を諦めないのは、理由の分からない涙の痕を逆向きに遡っていけば、始まりにきっとその人がいるはずだ、と、瀧くんと三葉が信じているからである。忘れたことに気づかなければ、それは存在しないのとほとんど同じであって、忘れられたという資格すら与えられないかもしれない。

父が死んでしばらく経つ頃から、こうした感覚にたびたび私はつかまれる。父の喪失に向けられているのではない、名前を持たないかなしみ。死別のかなしみを忘れていくかなしみ、それどころか、実際に何が頭の中から消えていっているのかさえも分からなくなること。自分ではコントロールできず、選ぶこともできず、しかも忘却リストに残らない忘却。ちょうど、父の本が私の書架に収まって見分けがつかなくなるように、私は、父との記憶を、もうそれがそうだとは識別できないまま、忘れていっているような気がするのである。

このことは私を不安にさせる。それでも、時折やって来る名前を持たないかなしみは、二つのことを示唆している。まず、父との思い出が風化していくことは絶対に止められないこと、しかし、父の存在の痕跡は私の中に残されていること。これらを同時に私に知らせるのだ。

喪失そのものは束の間の出来事にすぎない。父は病気になって、私の前から消えた。その間、たかだか一年である。しかし、この出来事が、喪失以前／以後の時間の意味を劇的に変えてしまうのは──父の喪失を超えて──父を失ったことを失い、そのことすらも否応なく忘れていく不可逆の時間の中で、私が、二つの喪失と忘却の意味を──父が私に残してくれた情動に向かって──繰り返し問い訊ねてしまうからではないか。

私のこの感情は、紛れもなく私の感情である。ところが、これは、いつかどこかで父が教えてくれた感情でもある。小さい頃、車から一緒に見た羊蹄山、ちょっとしたことで大喧嘩に発展した高校時代、しこたま酒を飲んで二人で泥酔した東京の夜……。二人は、私が赤ん坊のときから、感情を共有している。いや、そもそも、私の感情を分節したのは父なのだ、と言った方がいい。

だとすれば、私の感情は父の感情である。そして、父が最期に教えてくれたのが、死別のかなしみにほかならない。他の感情と同じように、たとえその起源を私が忘れていくとしても、それは私の身体に残されていて、ときどき夢の世界でありありとそのかなしみが描かれる。そして、夢の世界から現実の私に、そのかなしみの残滓が遺される。それを抱えて目覚め、途方に暮れてしまうとき、私は私の中にいる父を探し始めるのだ。

父は父のことを覚えている人びとの記憶に存在している。しかし、本当は、記憶以前の記憶において、父がそれぞれの人にしてくれたことが――それをもうはっきりとは覚えていないにしろ――世界感受のありように溶けこんでいて、それが父の存在につながっているのかもしれない。

約束

忘却の包囲網の中で、三葉と瀧くんを助けたのは、二人が結んだ「約束」である。入れ替わりの生活で二人が最初にやらなければいけなかったのは、互いの人生をめちゃくちゃにしないための約束事（ルール）をつくることだったし（たとえば、「お風呂は禁止！」や「訛りは禁止！」）、物語のクライマックスで三葉を救ったのも、瀧くんとの約束に起因する、掌に書かれた「すきだ」という言葉である。

約束とは何だろうか。たとえば、この社会の最も基本的な約束は、法（約束）に定められたことを全員で守り、もし守れなかった場合は平等に罰則を科す、というものだろう。そんなに大きな単位の約束ではなくても、駅前で友人と待ち合わせの約束をする、親との約束を守ってゲームのプレイ時間を制限する、等々、約束の守備範囲は広い。これらは他者が介在する約束の形式だが、その他にも、自分にした約束を自分で守る、という特殊なケースもある。

約束の相手がいる場合、ほとんどの約束は他者との今後の関係を円滑にうまくやっていくために結ばれる。友人や親との約束を守らなければ少しずつ関係は悪化するだろうし、法を守らなければ、国家の他の構成員とうまくやっていけていない、あるいは、他者と共存していくための最低限のルールを守ることができていない、とみなされて、何らかのペナルティが与えられる。この意味での約束は、共同的関係のフェアネスに向けられている。

そう考えてみると、三葉と瀧くんの間で交わされる、入れ替わりの生活をうまく乗りこなし、互いの人生をめちゃくちゃにしないための約束は、先に示した国家の法や家族のルールに似ていて、（異質な他者と）共に生きることを成立させるためのものである。

ところが、物語のクライマックスで三葉と瀧くんが交わす約束は、まもなく訪れる喪失と忘却を見据えた、君がいない世界で生きていくためのものである。それは、相手との今後の関係のための約束ではなく、相手がいない世界で何とか生きていくための約束になっているのだ。

『君の名は。』そのものは、ある種のハッピーエンドで終わっているが、おそらくあの物語のテーマの核心にあるのは、かけがえのない他者との死別である。死別における喪失は、それ自体が取り返しのつかないものだが、そこに忘却が重なることによって、死別は二重の意味で取り返しのつかないものとなる。

しかし、新海が描いたように、約束という契機は、喪失と忘却を背負って生きなければならない人びとを励まし、支えるかもしれない。もちろん、それは喪失の超克とか、死別に負けずに強く生きるとかではない。先に書いたように、時間とともに忘却は進み、ちょうどその分だけ喪失の意味は深まるのだから。それは、〈私〉の身体と〈私〉の時間全体に、かなしみが拡散していくことであり、乗り越えたりするような性質のものではない。

それでも、故人との約束を忘れなければ、それが〈私〉と故人の結び目になる。ほかのことは忘れてしまっても、その結び目がほどけない限り、二人は確かにつながっている。それは誰かがいない世界で、その喪失と忘却を抱えて歩んでいくためのものなんだと思う。

宇宙旅行――誰かより少しだけ長く生きること

小学生の頃に父が買ってくれた宇宙の図鑑を息子と一緒に読んだ。札幌に住む母がゴジラやウルトラマンの人形と一緒に送ってくれたのである。シン・ゴジラやシン・ウルトラマンによって、世間で再び注目されるようになっているから、もしかしたら、高値のつくものも混ざっているかもしれない。

その図鑑によれば、およそ五十億年後に、太陽は終わりを迎えるという。赤ちゃん太陽から始まり、現在の元気な姿の太陽になる。やがておじいちゃん太陽になって、小さくしぼんでいく。そうして、宇宙の闇の中に消えていく。太陽の一生は人間のそれに例えられていた。人間の死の場合と同じように、息子は太陽が死んでしまうことにも納得しかねている様子である。人間は死んで星になる。しかし、星も死ぬ。じゃあ、星は死んだらどうなるの、と。

銀河系のイラストを見ながら、宇宙に行ってみたい、と、息子が言う。大人になったら、宇宙旅行に行けるかもね、と、何気なく私は言う。いまは何千万円もかかるが、もしかしたら近い将来、技術がどんどん進んで、価格が抑えられるかもしれない。百万円くらいになれば、絶対に手が届かないわけでもない。少しずつ頑張れば、宇宙旅行費を積み立てることもできる。

でも、パパと行きたい、と、息子が言う。どうだろうな、そのときにパパはおじいちゃんだから、宇宙に行けるかな、と、私は返す。それ以上、彼は何も言わない。どうやら興味がほかのことに移ったらしい。

私は考え続ける。おそらく、私は宇宙に行けないだろう。あるいは、この子が成人したら、老いぼれの私よりも、同年代の友人や恋人と宇宙に行く方が楽しいにちがいない。もし息子が本当に宇宙に行ったら、そのとき私は空を見上げて、そこに息子の存在を感じるのだろうか。星になった父と、星を訪れる息子、そして、地上から二人を見上げている私。悪くない。

ほとんどの人は誰かよりも少しだけ長く生きる。多く見積もっても数十年足らずのことだ。私が死んだ後、たぶん息子は、私と宇宙に行きたいと言ったことなど、忘れているだろう。私の死を待たずとも、すでに忘れているかもしれない。

息子に先立たれたらどうしよう、という観念が、一瞬頭をよぎる。父の死を経験してから、私は息子の死についても時折考えるようになった。それはきっと、父の死とは別の形になる。そうなったら、私は宇宙に行くかもしれない。

私は何を忘れているのだろうか。これから何を忘れていくのだろうか。忘備録はない。父の喪失を忘れていく私を見たら、父は何を思うだろう。かなしむだろうか、よろこぶだろうか。喪失の後で、誰かよりも長く生きるのは楽ではないな、と、つい思ってしまう。

12 ローリー・ポーリー

二〇二三年十二月、愛知県の豊橋市に一軒家を購入した。二人の子どもが成長してやんちゃになり、近所への騒音被害が気になったのと、四人の人間と一匹の猫で暮らすには住んでいたアパートが手狭になってきたからである。

ちなみに、妻と私はマンションで生まれ育っているので、一軒家で生活したことがない。とはいえ、別に一軒家への憧れがあったわけではない。地価の高い東京や横浜と違い、地方都市の豊橋でならお金も何とかなりそうだし、子どもが伸び伸び育つにはいいかもしれない、と、二人で相談して決めたのだ。

引っ越しが決まった当初、とりわけ慣れ親しんだ場所を好むと言われている猫のシェーラーは不服そうな顔をしていたのだが（じつは彼は通算四度の引っ越しを経験している）、いざ引っ越してみたら思いのほか快適だったらしく、いまは悠々自適にツーフロア生活を満喫している。現金なやつである。

アパート暮らしのときにはあまり気にならなかったのだが、一軒家に住み始めてから、家の敷地にいる虫や植物や動物に妙に興味を引かれるようになった。たとえば、雨どいから大量に発生したコバエ、それを狙う蜘蛛、運悪く蜘蛛の巣に引っかかる蟻、どんどん生えてくる雑草、駐車スペースに糞を落とす鳥……。

こいつらには「所有」という概念がない。どこからともなくただ現われて、気の向くままに場所を「占有」する。ほかの生き物との闘争に負けたら、撤退する。極めてシンプルな原理である。ここは法的に認められた私の土地だぞ、さっさと出ていけ。こんなことを言えるのは、人間が相手の場合だけなのだ。

最初の頃、虫が苦手な私と妻は、業務用の殺虫剤などを購入して家の内外にまき散らしていたのだが——妻は「ケミカル・ハウス」と呼んだ——ある日、それが原因となってみんなで育てていた朝顔を枯らしてしまい、考えを改めることになった。妻はこう言った。「むしろ必要なのは生物多様性で、生態系をうまくつくってあげれば、害虫も減るはずだ」と。

それゆえ、蜘蛛やヤモリやてんとう虫を岩内家は歓迎する、というのである。たとえば、ある朝、郵便受けの上で佇んでいたアマガエルを、妻と子どもは丁重にもてなしたらしい。たぶん、コバエを食べていたのだろうが、ときどき、カエルの身体に水をかけたり、周囲の草花を湿らせたりと、カエルの生存環境の整備に協力したのである。朝と夕方では、カエルの身体の色に変化があった、と、妻は嬉しそうに話した。

生活実感に支えられたこういう発想こそが、真のエコロジーなのかもしれない。これ見よがしに世界中の企業がこぞって推進し、いまや資本主義の一部になってしまったSDGsよりは、よほど説得力がある。

ローリー・ポーリーを飼う

息子たちはダンゴムシのことをローリー・ポーリーと呼ぶ。二歳くらいの頃、長男がダンゴムシに夢中になったので、一緒に色々と調べたことがある。その調査の一環として、ダンゴムシの生態を解説した英語の動画をYouTubeで見たのだが、そこでナレーターがダンゴムシをローリー・ポーリーと呼んでいた、というわけだ。しかし、私はローリー・ポーリーという英単語を知らず、後日、改めて辞書やインターネットで調べてみて、どうやらそれがダンゴムシを指しているらしい、ということを知ったのである。こういうわけで、岩内家にはローリー・ポーリーという呼び名が定着した。

先に「指しているらしい」と書いたのは、じつは手元の英和辞典で調べてみても、ローリー・ポーリー（roly-poly）の項には、渦巻きプディング、丸々太った子ども、ずんぐりした人や動物という意味しか載っていない。英英辞典で調べると、形容詞の意味として、short, round and fat と書いてある。ちなみに和英辞典では、ダンゴムシは pill-bug とある。インターネットにもいくつか情報が載っていたのだが、あまりはっきりしない。しかし、動画内では、ローリー・ポーリーという単語はダンゴムシを指示しているように思われた。

職業柄、こういうのは気になるので、同僚の教員二人に事の真相を確かめてみた。すると、アメリカ出身の教員は、特に小さい子はダンゴムシをローリー・ポーリーと呼ぶことがある、と教えてくれた。しかし、イギリス出身の教員は、イングランドではそんな呼び方はしない、という。もしかしたら地域差があるのかもしれない。が、少なくともアメリカの一部の地域で、子どもたちがダンゴムシを、彼らへの親愛の情を込めて、ローリー・ポーリーと呼んでいるのは確からしい。

そう言われてみれば、ダンゴムシの身体はまさにshort, round and fatである。ほかにpotato-bugという呼び名もある。ダンゴムシ、roly-poly、pill-bug、potato-bug……。いずれもユニークな愛称である。ダンゴムシを好まない人がいるのは間違いないが——私も、大人になってからはあまりいいイメージを持っていなかった——含蓄のあるこれらの名前は、のそのそと歩き、何かあればころころと丸まる、かなり独特の存在様態を持つ生物をポジティブに表現している、と言えそうだ。

以来、子どもたちはローリー・ポーリーをいよいよひいきにし始めるのだが、ついに先日、四歳に成長した長男は、ローリー・ポーリーを飼ってみたい、と、言い始めた。きっかけは、幼稚園から借りてきた絵本。ダンゴムシの生態が詳しく説明されていて、（しばらく収まっていた）ダンゴムシ熱が完全に再燃したのである。

これを後押ししたのは、幼稚園のシュタイナー教育だ。子どもの自立性や自由な関心を大切にし、特に幼児の年代では、自然の中で育まれる健康な身体を陶冶することが、第一の教育目標となる。園児はいつも泥んこで、木に登ったり、園庭にいるヤギやウサギや鳥たちと交流したりしている。また、先生も子どもも親もみな芸術家とみなされるので、木の枝や使用済みの封筒など、身の回りにあるものを使った工作が推奨される。私はクレヨン入れを木材で作ったし、妻は鞄からエプロンから布団入れまで、幼稚園で必要とされるほとんどのものを手作りしている。驚くべきことに、お遊戯会の脚本も先生が書くのである。

だから、子どもたちが家に持って帰ってきたものは何であれ捨てないでください、ということが園のお願いになっている。石であろうと虫であろうと、子どもの感受性を壊さないために、それを受け入れなければならない。親の立場からすると、戦々恐々である。

一度、お迎えに行くと、「みんな、あそこの石の下にナメクジがおるよー」と、先生が園児たちを扇動している。おいおい。虫が苦手な私は震え上がったが、その様子を見て、先生は楽しんでいるようにさえ見える。知り合いの女の子は、上腕に何匹もダンゴムシを這いずり回らせて、私の方に走ってくる。

私たち夫婦はしかし、何とか家に虫を持って帰らないように仕向けていたのだが（「自然の中で暮らしたいんじゃないかな」、「おうちにかえしてあげよう」）、四歳になって知恵もついてきた長男は、環境を整えれば、家で飼うことができる、と理解している。しかも、借りてきた絵本の中には、飼育の具体的手順まで示されており、季節が秋になって寒くなってきたら、元いた場所に帰してね、と、丁寧に書いてある。逆に言えば、春から夏までは飼っても大丈夫、ということになるだろう。

この流れを止めることは難しかった。「グーチョキパーで、グーチョキパーで、なにつくろう、なにつくろう、右手はグーで、左手もグーで、ロリポーリー、ロリポーリー」などと歌っている。たしかに、二つの拳（グー）を並べてみると、指と指の間で作られる紋様がダンゴムシの背に酷似している。

幼稚園では、牛乳パックを半分に切って、上部にひもを通して手にかけられるようにしたものを園児たちが持っている。みんなから「宝物入れ」と呼ばれるこの入れ物に、ある日、長男はローリー・ポーリーを集めていた。お兄ちゃんにならって、次男も見よう見まねで集めている。

そこに幼稚園の創設者（この方は生ける伝説で、シュタイナー幼児教育の権威である）が現われ、「畑の土を底に敷いて、柔らかくなった落ち葉をいれたらいいよ、これはお父さんかな、これは他の虫かな」などと、二人の兄弟と話し始めた。私は心の中で「頼む、やめてくれー」と悲鳴をあげつつ、しかし、ただならぬその接し方——本当に文字通り、物理的にも精神的にも子どもいいいい目線で話をするのだ——に心を動かされて、これはもう飼うしかないかな、と、諦めてしまった。

最初、その伝説の先生は、息子たちがダンゴムシをローリー・ポーリーと呼ぶのを不思議がっていたが、そこはやはりプロ中のプロ。いつの間にか先生もローリー・ポーリーと呼んでいる。これが一流の先生か、すごいものだな、と、感銘を受けてしまう。シュタイナー教育の理念が結晶化したような実践だった。

そうして、岩内家では、三匹のローリー・ポーリーが飼われることになった。幼稚園にも連れて行くので、いつも一緒である。

埋葬

とある昼下がり、妻と息子はこんな話をしたらしい。

「ローリー・ポーリー、何してるかな」

「夜行性だから、寝ているんじゃない」

「夜にご飯を食べに行くことが多いだけだよ。夜行性とはいえない。はやく四角いうんちを片付けないと」

相当、専門的な話である。ダンゴムシは夜にご飯を食べ、四角いうんちをする。霧吹きで水をかけて身体が乾かないようにしないと、死んでしまう。ダンゴムシはエビやカニの仲間で、コンクリートも食べ、特殊なウイルスに感染すると真っ青になる（ダンゴムシの研究をしている学生に訊ねると、これはあえて目立つことで鳥などに捕食されやすくするウイルスの戦略である、という仮説があるらしい）。私が知らないことをどんどん吸収していく息子を見て、私はちょっとさびしく、でもやっぱり誇らしかった。

ところで、妻は幼稚園のとき、ダンゴムシをザルに集めていたらしい。初めは警戒して身体を丸めたダンゴムシも、しばらくほっておくと、身体を元通りに伸ばす。そしたら、ザルを左右に振る。すると、またみんな丸まる。それを繰り返して遊んでいた、という。息子は妻のその話を何度も聞きたがり、聞く度にゲラゲラと笑っていた。親子である。

とても大切に飼っていたのだが、それでも、ローリー・ポーリーは一匹ずつ死んでいった。理由は分からない。もしかしたら身体が乾いてしまったのかもしれないし、寒かったのかもしれない。ケミカル・ハウスの成分が残っていたのかもしれない。

そういえば、父が死んだ際、息子はよくその理由を知りたがった。札幌のじいじは悪い病気になっちゃったんだって、と、妻は答える。どうして病気になったの、と、息子。うーん、それは誰にも分からないんだ、と、私。死の説明には限界がある。それは、そうであるからそうだ、としか言えないところまで落ちていく。

「もうローリー・ポーリーは飼わない」。そう言って、二人の息子は家の近所から石を集めてきて山をつくり、その中にローリー・ポーリーを埋葬した。それはちょうど、古代エジプトのファラオが埋葬されたピラミッドのような形をしている。小さなピラミッドの後ろには土が盛られ、そのてっぺんには木の枝が一本刺されている。立派なお墓である。

ローリー・ポーリーはもう死んでしまったのに、息子はお墓に霧吹きで水をかけている。その理由を訊ねると、死んじゃった後でも身体が乾かないようにするためだ、という。たしかに、人間の場合でも、ご飯や果物やお酒を死者のための供物とする。そんなこと知らないはずなのだが、直感的に、死んでしまった後も、何らかの形でローリー・ポーリーとの関係は続く、ということを理解しているのだろう。

ダンゴムシが死んで、心からかなしんで、お葬式をして、お墓に埋める。お墓に埋めた後も、話しかけて、お水をかけて、そうして、少しずつローリー・ポーリーとのお別れを受け入れてゆく。誰に習うわけでもなく、四歳と二歳の息子は、いかに「さようなら」をすればよいのかを学んでいる。

鳥になった父

父が死んでから数ヵ月後、この辺では見たことのない鳥がベランダにとまっていた、と、母は言った。「たぶん、お父さんだと思う」——母は笑いながら話した。それからしばらく経ち、弟が実家に滞在した際にも、ベランダに変な鳥がやって来たらしい。その時、弟は人生の転機を迎えていて、それなりに悩んでいた。「あんた、あれは、きっとお父さんだよ、心配で見にきたんだよ」と、母は妙に納得している。つまり、父は鳥になって、私たちを定期的に巡視している、というのだ。

たしかに、父は鳥が好きで、豊平川を散歩するときには、いつも野鳥を見ながら歩いていた。実家には北海道の野鳥に関する本がいくつもあるし、父は鳥の種類にも詳しかった。しかし、生まれ変わったら鳥になりたい、と、思っていたかは不明である。父さんは死んで鳥になったんだね、と、みんなで酒を飲みながら話していたら、「お前ら、いい加減にしろよ」と、言ってきそうな気もする。

そしたら、先日、長男が突然こう切り出してきた。「そろそろ、じいじは生まれ変わったかな、何になったかな」。まず、生まれ変わりという言葉を知っていることに驚いたのだが、何も言わずに話の続きを待っていると、「空になったかな、街になったかな、電気になったかな、動物になったかな」と、言ってくる。一世を風靡した『千の風になって』の世界である。

「どうだろうな、何になったかな」と言葉を濁していると、「もしかしたら、パパになったのかもしれない」と、息子は話す。「パパって、どのパパ」と聞くと、「パパはこのパパだよ」という返答を得た。どうやら、パパとは自分のパパ、すなわち、私のことだ。ふざけて適当に言ったのかもしれないが、父が生きていればまだ半分子どもだった私も、父がいなくなってからは、私のすべてがようやく大人（父）になれたような気がしていたので、これには随分と考えさせられた。現在、三十七歳。随分と遅い成人である。

そういう私も、自然界のさまざまな存在に父を感じることがある。大学の研究室の窓に蜂がとまる。朝、車から降りたとき、聞きなれない鳥の声がする。表浜の海岸線を眺めながら、海風の音を聞く……。それは生まれ変わった父の姿というより、父の存在の気配と言った方がいい。およそ自然とそこに生きるすべての生物が共有する、生と死の不思議と秘密の在処が垣間見える瞬間なのかもしれない。その不変の秩序に、私と父は紛れもなく含まれている。

鳥になったのか、私になったのか、それとも世界全体に行き渡ったのか。いずれにせよ、生まれ変わりの思想は、ある種の説得力を持って、私たちに根づいている。一切の生は業（カルマ）に応じて再生する、という輪廻の世界像は、ウパニシャッド哲学や仏教に広く見られるものであり、日本に住む私たちには比較的馴染み深いものだ。ウパニシャッド哲学においては、苦行による梵我一如の真理の証悟、そして、この本体と合一することによる輪廻からの解脱が最終目標とされる。つまり、（本質的に苦しい）生の永遠回帰からの解放が目指されているわけである。

だが、私は、もう一度父に会えるなら、この苦しい生を何度生きてみてもいい、と思っている。何十回、何百回生まれ変わった先に、父の息子として誕生するチャンスはあるのだろうか。しかし、私たちは善行を積んでいないので、人間にはなれないだろう。来世はローリー・ポーリーの親子かもしれない。ダンゴムシの父とダンゴムシの私。それもいい。虫の死骸やコンクリートでも食べながら、ゆったりと生きることにする。

13 生きているうちに、死を語る
――死と孤独γ

この連載では、「死と孤独」をめぐる哲学的考察を――父の死からは一定の距離を置いて――これまでに二回書いてきた。「死のイメージ――死と孤独α」(第8回)、「死の抑圧――死と孤独β」(第10回)である。今回でこのシリーズは終わりとなるが、本論に入る前に、αとβでの考えをまとめておきたい。

まず、私が全三回を通して試みたかったのは、死を間近にした人が孤独の感触を強めていくだけではなく、その人と本来親しい間柄にある人びとも、絶対に避けられない死の現実化の過程を目の当たりにすることで、ある種の無力感とともに孤独の殻に閉じこもっていくのは、一体どうしてなのだろうか、という問いを、議論のテーブルに置くことである。

「死と孤独α」では、死はイメージとしてのみある、ということを書いた。人間は死そのものを経験することはできない。いままさに死を経験しようとする、次の瞬間には、その人はすでに死んでいるのだから。それゆえ、死は、〈私〉の外部からもたらされた、一つのイメージでしかない。

典型的なのは、神話や宗教が描いてきた死後世界のイメージだが、客観認識の象徴である自然科学も、人間が死んだ後にどうなるのかについては、科学的イメージ以上の何かを持つわけではない。たとえば、死んだら一切は解体され、人は死後完全な無になる、というのは、呼吸や脈拍、そして脳の機能停止という、観察に基づく事実から出来する科学的イメージである。しかし、それは誰にも確認されていない。すなわち、科学者であっても死をその内側から体験することはできない。

すると、死をどのようなものとして捉えるかは、それぞれの裁量に委ねられることになるだろう。絶対的な力を持つ宗教が統治する共同体などの場合を除いて、私たちは「死の取り扱い方」を自分で選ばなければならない。つまり、死のイメージは〈私〉の自由な選択に任されている。

自由であることはよいことである。が、自由であるがゆえに、その選択の責任を取るのは

〈私〉以外にはありえない。これが孤独の表象に結びつくと、死は〈私〉が一人で処理すべきものとして立ちはだかる。こうして、死にゆく者は孤立していく。

つぎに、「死と孤独β」では、ノルベルト・エリアスの社会学を参照しながら、現代社会における死の抑圧というテーマを取り上げた。エリアスによると、文明化された社会において、死は、実際に死ぬよりも前から始まる。それは、医療技術、社会福祉、公衆衛生などを通して、国民の「生」と「健康」が優先されるあまり、死やそれを想起させるものが公共圏から排除され、死にゆく者は物理的にも精神的にも隔離されるからである。

死そのものが人を表舞台から突き落とすのではない。死にゆく者は、まだ生きているうちに、社会から見放され、その片隅に追いやられる。そうして社会の生活圏は、いわば限りなく純粋なクリーンルームに近づいていく。ここで、文明が正当化する死の禁忌に、社会的関係から隔絶した「閉ざされた人」としての自己イメージが重ねられると、死にゆく者の孤独はますます深まるだろう。一言でいえば、死の意味を他者と共有することができなくなる、ということだ。

もちろん、〈私〉の死はあくまでも〈私〉の問題である。この意味で、死と孤独はつねに隣り合わせだし、それを完全に解消することは難しいにちがいない。だとしても、自己イメージや社会構造が引き起こす孤独であれば、私たちはそれを少しは受け持つことができるのではないか。死についてもっとオープンに、もっと明確に語ること——。「死と孤独」シリーズの最終回として、この可能性を考えてみたい。

ハイデガー vs. エリアス

世人（人間）は死を抑圧し、隠蔽する傾向にある。「死と孤独β」で論じたように、ドイツの哲学者マルティン・ハイデガーは、死を公共的な事件の一つとして扱い、それを〈私〉ではない誰かの死として処理し続けることの中に、死とそれがもたらす不安を隠蔽する契機を見た。

死についての公共的な語りの反復は、むしろ逆に、〈私〉を〈私〉の死から遠ざける。というのも、そこで語られている死は、どこかにいる誰かの死にすぎないから。マスメディアで報道されたり、ゴシップや世間話として語られたりしている死は——死者の固有名とは無関係に——どこまでも匿名である。〈私〉の死の具体性は、世界で生じる数多くのフラットな死の中でうやむやになり、その one of them として埋没する。

ハイデガーからすれば、実際には他者に代わってもらうことはできない死を、このような仕方で受け止めることは、本来的な生のありかたから外れている。そこから脱却するには、他の誰でもない〈私〉自身の可能性として死を捉え、また、それをつねに現在に属する可能性（いままさに死ぬかもしれない可能性）として身に纏わなければならない。

ところで、〈私〉の死は〈私〉の人生が一度きりであることを教えるだろう。それが待構えているからこそ、どうやって生きるべきなのか、これが本当にやりたかったことなのか、もっと別の生き方もできるのではないか、ということを気にかけ、誕生（始まり）と死（終わり）に挟まれた、生全体の意味に関心を持つようになる。

〈私〉の死から目を逸らすと、ひるがえって〈私〉の生の一回性・固有性にも気づけなくなり、結果として、〈私〉は自分自身の生に関心を持てなくなる。それはちょうど、事件としての死を上手に語りながら、自分自身の死については忘れてしまっているのと同型である。

私はハイデガーの言い分におおむね納得するが、死と〈私〉のつながりは、死を構成する一つの側面でしかない、とも考えている。それどころか、〈私〉ひとりが引き受けざるをえないものとして、死のイメージを強調しすぎることは、エリアスのいう「閉ざされた人」のイメージを再生産しかねない。

死の意味がそれを引き受ける〈私〉にしか把握されないとしたら、人間の死は互いに不可侵なものとなる。死にゆく者の孤独の絶対性を前にして、〈私〉は何を言ったらよいのか分からなくなり、立ちすくんでしまう。たとえば、病院の一室で、患者とその見舞客が、重い空気感に耐えきれなくなり、以前までの親密な関係が次第に壊れていく。死を〈私〉の実存に結びつけて考えすぎることは、それぞれの孤立感を助長するのだ。

だから、エリアスは死をもっとオープンにすることを勧める。人はいつか必ず死ななければいけないこと、もっと明確に言えば、もうすぐあなたは死んでしまうであろうこと、しかし、その瞬間までは、自分たちの関係は続くことを躊躇わずに語ろう、というのである。

たしかに、〈私〉の生が他者との人間関係に支えられているのだとしたら、〈私〉の死についても同じように考えるのは自然だ。〈私〉の死が他者に開かれてあること、そして、他者の死が〈私〉に開かれてあること――。エリアスのいう「開かれた人」という自己イメージは、生と死にまたがり影響を与え、死につきまとう孤独の重苦しさを和らげるかもしれない。

とはいえ、だからといって、むやみやたらに死を語ればよい、ということではないだろう。ハイデガーが論じたように、死の不安を隠すために、あえてそれを軽々しく口にすることで、死の事実から逃避することもできるからである。日常的に起こる事件の一つとして死を片づけていては、〈私〉と死の間の距離はますます離れていくにちがいない。

では、死を、そのテンションを失わずに、適切に語るとはいかなることか。これはたぶん、口で言うほど簡単なことではない。死について口を閉ざせば孤独になり、死について雄弁に語りすぎると埋没する。死の事実を抑圧することなく、それを自分自身の可能性として把握しながら、死をもっとオープンに語る方法を探ってみよう。

哲学対話とは、別の仕方で

哲学対話は、その一つの方法かもしれない。哲学対話とは、最大で二十人くらいの参加者が集まって輪をつくり、いま関心を持っていることや考えてみたいことを「問い」として出し、互いの「体験」を丁寧に聴き合うことで、さまざまな概念やことがらの「本質」を取り出す対話実践である。ざっくり言えば、こんなプロセスになる。

（一）関心や問題意識を出し合い、問いを決める。

（二）体験、事例、エピソードを共有する。
（三）すべての体験に共通する構造や条件（＝本質）を洞察する。
（四）本質を文章で表現する。

たとえば、なつかしさとは何か、という問いを探究する場合、まず参加者は自分がなつかしいと感じた体験をよく振り返って、それを表現することから始める。すると、おばあちゃんの家の匂い、夏の田園にある踏切、小さい頃に聴いていた音楽、ジブリの映画、母と遊んだ近所の公園……。なつかしさという感情を喚起する具体例が集まってくる。と同時に、哲学対話の現場では、互いの体験を傾聴／表現することで自己了解と他者了解が自然と深まっていく。これは日常生活ではなかなか味わえない、異質で贅沢な時間である。

対話が軌道に乗ってきたら、今度はすべての体験に共通するものや似ているものを探す。たとえば、「なつかしさを感じるのは、現在の視点から見ると、失われた過去の対象だね」、「よい思い出もわるい思い出もあるけど、なつかしさという感情そのものは温かくてポジティブだと思う」、「何となく、そこに心が惹きつけられてしまう、そういう性質がなつかしさにはある」……。このような本質洞察が出てくる。

ここから、なつかしさの本質を文章にする。何度も当初の体験に戻ってみたり、他の参加者の表現を取り入れたりしながら、試行錯誤の過程を経て進んでいく。たとえば、「なつかしさとは、すでに失われてしまった対象に、ふと心が惹きつけられ、その喪失を現在の温かな視線で味わう体験」。こうやって本質を言語化するのだ。

簡単には答えの出ない問いを諦めないで突き詰めること。互いに異なる感受性や価値観は相互承認したうえで、合意をつくること。哲学対話は、不確実で見通しのつきにくい社会を民主的に運営していくための態度と能力を養い育てていく。実際、保育園、学校、企業、メディア、地方自治体など、社会のさまざまな場所で哲学対話は実践されている。

さて、死は、老いや病気と並んで、人気のあるテーマの一つである。どのような死に方がよいのか、死が恐いのはなぜか、死の本質とは何か……。死がそれぞれの人にどういうものとして現れているのかを丁寧に聴き合い、そこに共通する条件や構造を取り出そうとする哲学対話は、ハイデガーが警戒する公共的な語りとは明らかに異なるだろう。

というのも、それぞれの〈私〉は自らの体験に向かって問うので、三人称の視点で誰かの死を考察するわけではないからである。死をありふれた出来事の一つに貶めて、そこから目を逸らすのではなく、〈私〉にとって死がどういう意味を持つのかを、複数の〈私〉が語り合い、共有する。哲学対話は、死に対してオープンな態度をつくる練習になるかもしれない。

しかし、ここで一つ問題が生じる。最も身近な他者と死を語ろうとする際に気づくのは、(当たり前だが)そこに対話の「場」は用意されていない、ということである。哲学対話では、あらかじめ第三者(ファシリテーター)が対話の場を用意していて、そこに参加者が集まってくる。それは語りたい人が安心して語れる場だ。死について話したければ、そこに行けばよい。死に興味のある人が他にもいて、死の意味を共有できるだろう。

ところが、家族や友人と死について話そうとしても、そこに対話の場を運営してくれるファシリテーターがいるわけではないし、そもそもみんながみんな死について語りたいとは思っていないかもしれない。また、一般に、親しい人の死は赤の他人の死よりも大きな意味を持つから、それを語ることに、不安(母が死んでしまったらどうしよう)や痛み(息子が死んでしまったら生きていけないかもしれない)が付随することも少なくない。語り以前の段階で、感情的な障壁があるのだ。

哲学対話は死を語る公的な方法として有効だが、いつでも誰でも気軽にできるわけではない。家族や友人どうしの私的な語りは、たぶんもっと生々しくて危険なものになる気がする。身内の場合、治療費、葬儀、仏壇、墓、相続など、金に絡む問題も生じやすい。「世人のおしゃべり」、「哲学対話」、「自己との対話」という語りのグラデーションがあるとしたら、ちょうど「哲学対話」と「自己との対話」の間に来るのが、死についての「私的な語り」ではないだろうか。

私的な語り――開かれた人びとの対話

私的な語りの特徴は、一人ひとりが抱く感情や考え、また家族関係や当人の置かれている状況の違いが極めて大きく、その手続きを一概に規定したり、それが具体的にどういう形でなされるのかを想い描いたりするのが難しい、ということにある。一言でいえば、フィギュレーション（形態）が複雑で、一般化しにくいのである。

カフェで芸能人の死にまつわるうわさ話をする（世人のおしゃべり）。死に関心を持つ他者とあらかじめ用意された空間で「死」の本質を共有する（哲学対話）。死を自分自身の可能性と捉えて向き合う（自己との対話）。これらの場合、そこでどう振舞えばよいのかが比較的イメージしやすい。ところが、死をプライベートに語ろうとするとき、それをどのようにデザインすればよいのか分からないし、ましてやそこにhow toのリストは存在しない。

具体的な場面を想像して、解像度をあげよう。エリアスは、こんなことを書いている。

> 死に対する現代人の対応で一番特徴的なことは、大人たちが死の事実を子どもに知らせるのをはばかることである。この大人の及び腰は、社会的レベル並びに個人的レベルにおける死の抑圧・排除の広がりと形態とを示す兆候として、注目に値する。いずれは知ることになる、またどうしても理解しなければならないはずの、死という単純な事実を、子どもを損なうのではないかという漠然とした危惧から、大人は子どもたちに隠す。ところが、人間の生命には限りがあること、それゆえ自分の両親の命にも自分自身の命にも限りがあるのだという、この単純な事実を子どもが知ることは、この場合危険でも何でもないのである。（……）死を告げることの難しさは、何を伝えるか、よりもむしろ、どう伝えるか、にある。わが子と死について語るのをはばかる大人たちは、死に対する自からの不安や恐怖が問わず語りのうちに子どもに伝わってしまうことを惧れているのかも知れない。（ノルベルト・エリアス『死にゆく者の孤独』中居実訳）

たとえば、父の湯灌の儀の際、当時三歳の息子は、硬くなった父の額に触れて、冷たいね、と、静かな声で言った。父の死体は本当に硬くて冷たかった。人間の身体は死んだら固まること、だんだんと冷えてくること、それは焼いてしまわないと腐ること……。こんなことを知ったら、子どもが私や妻や自分の死を恐がるかもしれない、そして、生きるのが嫌になってくるかもしれない。私はただ頷くことしかできず、黙っていた。

でも、本当は、私自身が不安だったのかもしれない。それを何としても悟られまいとして、黙ることしかできなかった。最後に父と病室で話した時もそうだ。あの気詰まりは、もうすぐ死ぬことが分かっている父を前にして、私は、私自身の不安が言葉にのって父に伝わってしまうのを避けようとしていたのではないか。

私的な語りの機会は、向こう側から不意に、取り返しのつかない一回性の直観とともに、やって来る。が、まさにエリアスが書いているように、そのとき、たとえ何を言うべきかを理解していても、それをどう伝えればよいのか分からない。この及び腰が死の抑圧や排除の兆候だという。

とはいえ、死に対してオープンになることとは、開き直ることではないはずだ。どうせ人間は死ぬんだから深刻に考えてもしょうがない、とか、死の捉え方は人それぞれだから、それを語ることにあまり意味はない、と、開き直ってしまえば、それは世人のおしゃべりに差し戻される。健康に生きている間はそれでいいとしても、文明化された社会で死にゆく者が感じる孤独は、どこまでも残り続ける。健康に生きることのみを第一義とする社会は、老いと死を周縁化するのだから。

正直に言って、いまの私には、私的な語りというものがいかに可能なのかは、まだよく分からない。ただ一つはっきりしているのは、沈黙が死にゆく者をますます孤独に追い込んでいくとしたら、私たちは何かを語らざるをえない、ということだけである。決してうまくはない語りだとしても、そこで何かが話されているという事実が、親密な二人の関係を最期の瞬間までつなぎとめるのかもしれない。

私的な語りの場での率直な気持ちの表明が、まもなく死のうとしている者とそれを見送ろうとしている者の関係性を――たとえ、二人の感情や考えに大きな隔たりがあったとしても――持続させる条件の一つになる。しかし、考えてみれば、これは何か特別なことではなく、およそ一般に、よい関係というものには、そういう率直な態度があることに気づくだろう。死を特別視せず、生の一部としてそれを受け入れることは、いま私たちがつくっている関係性を、そのままの形で続けようとすることにほかならない。

世人のおしゃべりでも哲学対話でもない、親密な近親者との語りの可能性は、死と孤独のつながりを緩和させる、一つのヒントになるのではないか。そして、そこで求められるオープンな態度とは、開き直ることではなく、それまでの関係の中にあった「率直さ」を、どちらかの死に際しても変わらずに持ち続けることだ。

言うまでもなく、家族関係は千差万別である。遺産目当てに、すみやかな死の実現が待たれていることもあるかもしれない。病気に蝕まれていく身体から発せられる悪臭に鼻をつまむ者もいるかもしれない。語りかけられることを鬱陶しがる病人もいるだろう。

老化と死の過程は、大抵の場合、きれいなものではない。それは、人間関係や治療費のように、人間の社会的な側面に関係していることもあれば、下の世話や悪臭のように、身体の自然に由来することもある。私は死を美化するつもりはない。

それでも、死にゆく者が抱える孤独と、その穏やかな死の可能性に光を当てることは、今後の哲学の大きな課題になるだろう。一人の人間の死の意味は自己に閉ざされたものではなく、社会的で関係的なものである。と同時に、それは自然の事実でしかなく、何か特別な意味があるわけではない。私たちはすでに生まれてしまった以上、この偶有的事実を生きて、いつかどこかで死ぬ。これを少しでも楽しく穏やかにするしかない。

14 父の手記

父の手記が二冊残されている。一つは、二〇一九年〜二〇二一年の間に書かれたもの、もう一つは、二〇二二年〜二〇二四年に書かれるはずだったものだが、こちらは年明け早々の骨髄異形成症候群の発症、そして、十月下旬のコロナ感染による入院のせいで、二〇二二年十月二十二日の書き込みが最後である。

しかし、後者の手記には続きがあって、父亡き後、二〇二三年四月十七日からおよそ一ヵ月の間、その日の何気ない出来事や、浮き沈みする日々の気分が綴られている。母が父の手記を引き取って、父に対する自分の気持ちをしたためたのである。だから、これは二人の人間がつくりあげた交換日記のような体裁になっている。

父が書いているときには、まさか自分の妻にこの手記の続きを書かれるとは思っていなかっただろうし、母が書いているときには、読み手であるべき夫はすでにこの世にいない。したがって、ある夫婦の思いが時間を超えて交差する記録としても読める。

私は、二冊の手記の存在を、父が死ぬまで知らなかった。一冊目の方は、どうやら退職した後、新しい生活を確立し、永年夢見ていたことを実現するために始められたらしい。いまとなっては、父が思い描いていた夢の内実を知る由もないが、いつか定年後の予定を聞いた際、大学での学びの続きを完成させたい、というようなことを言っていたので、何か物を書こうとしていたのかもしれない。

それが、父が専攻した経済学についての論文なのか、父が好んだ文学的創作なのかははっきりしない。が、永年の夢の第一歩として、一日一日の雑感を書きつけ始めたのだとすれば、納得がいく。天候や気分、食事や訪問先、家に届いた手紙や来客などのほか、父が読んだ本のメモが詳細に残されている。

二冊目の方は、父の闘病日誌である。率直に言って、こちらの方は、読むと気が滅入る。父がどんなことを思いながら最後の日々を過ごしたのか。生に前向きな文章もあれば、死の不安に苛まれている文章もある。それに、この手記の一文一文は、どうしても父の肉声として聴こえる。父が私の耳元で朗読しているかのようである。いわば、オーディオ・ダイアリーだ。

私が最も悩んだのは、二冊の手記の扱いである。そもそも、これらはあくまで故人のものなので、私が読んでいいのか。どうして、父はこれらを遺したのか。病気が判明してから、さまざまな事務手続きを猛烈な勢いで進めていた父だから、かりに手記を読ませたくないとしたら、身辺整理の一環として生前に必ず処分していただろう。少なくとも、最期を看取った母にその旨を伝えたはずである。

そこに、この連載の話が絡んでくる。思いきって父の死について書き始めたとはいえ、手記を題材にして、しかも『群像』のような文芸誌に物を書いてよいのか。正直、私はかなり迷った。この連載もすでに第十四回目に達し、おそらく終盤にさしかかっているが、これまで父の手記に言及しなかったのは、このままスルーしようかという思いがつねに心にあったからである。

それでも、私は父のことを書いてきた。すでにこの世界に存在しない人間のプライベートを。私は私の中にいる父や札幌にいる母と何度も話し合った。「そんなもん書いてどうすんのよ。でもまぁ、章太郎が書きたいなら、いいんじゃないのか。やってみれ」。きっと、父はこんな感じのことを言うだろう。

父は先を見通すことに長けた人だったから、私がこの手記を題材にして何かを書こうとすることさえ、一つの可能性として予期していたかもしれない。また、私がそう決めて本気で父の物語を書くのなら、そして、それが一定の力を持つ作品に仕上がるなら、父は私を許すだろう。逆に、この連載が駄作に終わるなら、父は私を許さない。父はそういう人である。

我が心は石にあらず

二〇二二年十月二十二日、そこで手記が打ち止めになっている日、父は、高橋和巳『我が心は石にあらず』を読んでいる。父が他界したのは翌年二月七日のことなので、最後の本だとは言えないが——たとえば、コロナ発症後、父の入院した無菌室に、私はカフカの『城』とヘミングウェイの『老人と海』を送った——やはり記録の最後に出てくるこの本のことは気になる。原稿を書きがてら、私はこれを読んでみようと思った。

闘病生活中に父が読んだのは、チェーホフ、フォークナー、ロス・マクドナルド、東海林さだお、松本清張、等々と、古典的名作から大衆小説まで多岐にわたる。その中でも、とりわけ一貫して読み続けていたのが、高橋和巳の諸著作である。恥ずかしながら、私は高橋和巳の作品を一冊も読んだことがない。

父は面白い小説をよく教えてくれたので、これはちょっと不思議な感じもする。どうして、最後の日々に読もうとした小説家のことを私に言わなかったのか。これだけ読んでいるということは、当然、以前に読んだことがあったのは間違いない。だとすれば、父は高橋和巳の存在を、何らかの理由があって、私に告げなかった。私は最初、そう考えてしまった。

『我が心は石にあらず』は、労働争議の物語である。石灰岩採掘夫の父を持ち、貧しい出自でありながら、そこから何とか抜け出したい一心で書物に嚙り付いた信藤誠は、生まれ故郷である地方都市の商工会議所から奨学資金を得て東京の高等学校に入り、学徒出陣をはさんで、東京の大学を卒業した知的エリートである。信藤は、大学卒業後、敗戦の悔しさと安堵、そして、出世の打算と社会変革の理想というねじれを抱えたまま、地元に戻る。

帰郷後、彼が得たのは、やはり、ともすればねじれを孕みかねない二つの立場である。一方では、宮崎精密機械工場の研究所において、機械工学の技術者として評価され、ゆくゆくは経営陣の側にまわることを期待される立場でありながら、もう一方では、産業別組織連合や企業別組織の全国組合とは別の形の地域連合主義に基づく、地域連絡協議会の理論的指導者としての顔を持つ。

地方の知的エリートとして現経営陣と太いパイプを持ちながら、組合の代表として労使交渉に臨まなければならない。もちろん、このことは必ずしも労使関係にマイナスに働くとは限らないが、一歩出方を間違えれば、信藤は経営陣と癒着しているという疑念を組合員の側から持たれかねない。この危うい綱渡りは、信藤が抱えるねじれがそのまま具現化したものだと言える。

信藤はこのねじれをうまく乗りこなしていたが、彼と同じ奨学金を得て大学に進学し、地元に戻ってきた久米洋子との不貞、そして、彼女の妊娠により、それまで辛うじて保ってきた均衡を崩す。自分を支えてくれる妻と妹と二人の子どもに嘘をつくことで、出世と社会変革の二律背反の純粋性がいわば濁り、その立場を堅持できなくなったのだ。

ねじれというものは、二項が対立するがゆえに葛藤をもたらすが、いずれの項もある種の正しさを含んでさえいれば、この対立は、存外、安定するものである。ところが、そこに不貞という嘘がはさまる。これが不純物となり、信藤はねじれをねじれのまま生きることができなくなる。

すると、どうなるか。あれか、これか、の決断を迫られる。すなわち、運動から身を引いて経営側に入るか、全面的な闘争に入るか。だが、家庭生活の倫理を反故にして下されることの決断は、どっちに転んでも空虚にならざるをえない、ということに信藤は気づかない。

　不倫相手の久米洋子は、信藤が抱えるねじれの葛藤を理解し、それを許す人物として描かれている。そんな芸当ができるのは、彼女と信藤の境遇が似ているからだけではない。重要なのは、彼女が家庭生活の外部にいる、ということである。久米洋子との間に「生活」がないからこそ、信藤は観念と観念のせめぎ合いを彼女に語り、それを受け止めてもらえる。

　というのも、家庭生活が第一に欲するのは、家族が暮らしていくためのお金や、家族が一緒に過ごす時間だからである。これらが満たされていることが最も大切なことで、闘争や革命は二の次になる。それどころか、身を滅ぼしかねないリスクがあるなら、労働運動なんてやめてほしい、と思うだろう。思想と世間話は、家庭の中では等価である。だから、信藤は、妻ではなく久米洋子に、彼の理想を話したくなる。

　ところが、妊娠が発覚し、家庭への欲望が久米洋子の中で動き始めると、生活から離れて結ばれていた二人の関係性は破綻する。ここでも、信藤は家庭生活の倫理を忌避し、結果、久米洋子への情熱も冷めてしまうのである。そうして、次第に信藤は、自分一人で決断しなければならない状況に追い込まれていく。

幼い頃に赤貧を経験した人間が、その境遇から抜け出すためには、まず、この資本主義のゲームで成り上がるという道がある。しかし、資本主義こそが自らの恵まれない境遇の根本原因にほかならないとすれば、ゲームそのものを変えようとするだろう。ここに社会変革の理想が成立するわけだが、もし本気でシステムを変えようと思えば、志を同じくする者たちを集め、組織化せざるをえない。

だが、指導体制をつくりだし、幹部を擁立することで、その組織は、ある意味では自己否定の契機を含むことになる。というのも、資本主義や官僚制というシステムを打ち倒すことを目標としていたのに、そのための組織も一つのシステムであることから逃れられず、社会変革を実行するための資本の確保や派閥争いがその必然となるからである。

これはおそらく、程度の差はあれ、父の世代が経験したことの一般類型なのだろう。私の興味を引くのは、この小説の最後、組合内部の身内の裏切りによって労働争議が頓挫し、また久米洋子との関係も終わり、完全に憔悴しきった信藤が、争議の激化から家族を一時避難させていた温泉地に赴き、妹や妻と他愛のない会話をした後に呟く、次の独言である。

ことさらに冗談めかして軽口をたたきながらも、視界のかすむ湯気の中で、私はふと、戦いに敗れたのではなく、この平和に勝てなかったのかもしれぬと、思った。最低限、自分の志は守ったつもりでありながら、私には志を貫いたことの昂揚も満足もなかった。限界的な状況で身構えるすべは知っていても、変りばえのしない日常の中で、名誉も称讃もない自己との闘いを闘うすべを私は知らなかったのだ。（高橋和巳『我が心は石にあらず』）

労働争議が失敗に終わったのは、信藤が掲げた理念が未熟だったからではない。あるいは、組合内部を一つに結束させるリーダーシップが欠けていたからでもない。彼が見逃し、また運動の最中で蔑んでさえいたのは、それぞれの「平和」（家庭生活の倫理）である。革命という崇高な理想から見れば、家庭は取るに足らないものかもしれない。が、信藤の運動を挫折させ、しかし同時に、彼をぎりぎりのところで破滅から救ったものこそ、他でもない、この、一見どこにでもありそうな家庭の平和にほかならない。

資本主義は利潤を生む。社会革命は人間を解放する。だから、それが重要だと人は考えがちだが、むしろ、本質的には、それらの思想が多くの人間の「生活」との共謀関係に入るときに初めて、崇高な理想は変りばえのしない日常の一部になり、社会の中で実質化することが、、、できる。信藤は最後、このことに感づいたのかもしれない。

「片親」の家庭で育ち、おそらくどん底に近い場所から這い上がった父。早稲田大学を卒業して札幌に帰り、女手一つで自分を育ててくれた母と三十歳まで暮らした父。北海道労働金庫に入庫し、組合専従の書記長も務めたが、後に団体役員になった父。そんな父は、たぶん信藤と似た葛藤を抱えていた。闘病中、自らの半生と重ねながら、『我が心は石にあらず』を読んだに違いない。

いつか父は私に言った。「お前は親のことを気にしないでやりたいことができるんだから、とにかく一生懸命頑張ってみれ」。たしかに、父が這い上がるためにどのくらいのバイタリティーや覚悟が必要だったのか、ということすら、私には分からない。極貧生活を知らず、社会革命の理想を描けない、温室育ちである。

しかし、父が私にこの本を教えなかったのは、お前には分かるはずない、という至極当然のことを伝えるためではなかったはずだ。そして、おそらくそこに、私が見出そうとした「理由」は存在しない。つまり、何かを伝えたかったわけでも、伝えたくなかったわけでもない。高橋和巳の一連の著作は、端的に、父の問題だった。それは息子に紹介したり、批評したりするようなものではなく、死にゆく父が自分自身の生の核心を見極めるための読書だったのである。

もちろん、その先に時間が続けば、父は何かを創作しようとしていたのかもしれない。だが、予期せぬ病がその志を阻んだ。父はいない。作品も残されていない。ただ何かをしようとしていた痕跡が癖のある字で刻まれていて、父の声で私はそれを読む。

死を抱えて

病気が判明した二〇二二年一月のメモ欄に、父はこう書いている。

最悪の年明け。考えていなかった病気が襲っていたとは。けれどこれが人生なんだよな。この日記を買ったばかりなのにどこまで埋めることができようか。埋めることを目標にしっかりと一日一日生きていこう。

父が書いているように、埋めることそのものが目標だったのかもしれない。それが闘病のいわばペースメーカーになっていた。父は毎日、体温、体重、天候を初めに記し、それに続いて、一日の出来事を述べている。たとえば、二〇二二年七月二十五日（月）、札幌の天気はくもり、気温は二十五度、父の体温は三十六度四分。東札幌病院での八時半からの採血のため、七時四十分に家を出た、と書いてある。

私がこの原稿を書いているのが、二〇二四年七月二十五日（木）の午前七時三十分頃なので、父はちょうど二年前のこの時間に家を出て、運動を兼ねて徒歩で菊水駅に向かい、地下鉄東西線に乗ったのだろう。それほど気温の高くない曇り空の札幌なら、道中は歩きやすかったはずだが、父の身体はそれほど思うように動かなかったので、おそらく、私が以前教えたエレベーターを使ったに違いない。通勤の人込みの中、感染症も気になったと思う。病院までの道すがら、何を考えたのだろう。深刻なことかもしれないし、日常の些事かもしれない。東札幌にある北海道労働金庫札幌東支店の支店長時代を懐かしんでいたから、そのことを思い出す瞬間もあったかもしれない。それとも、いつものように、ただ黙々と病院までの道のりを歩いたのだろうか。

その日の採血はスムーズに終わったが、翌日に赤血球と血小板のダブル輸血が決まったらしい。血小板の輸血後は眠くなる、と、補足しているので、きっと翌日は病院に行き、帰宅してよく寝たであろうことまで想像できる。

こんな何気ない記録が――ほとんど判読不能なものも混ざる細かい字でびっしりと――手記を埋め尽くしている。しかし、遺言のようなものは見当たらない。何らかのメッセージが残されていないか探してしまうのは、父の存在を諦めきれない私の性か。私は父の筆致に隠された「意味」を求めてしまうが、父が書いているように、きっと埋めることそれ自体が目標だったのだ。手記を書くことで、一日を生きたのである。

病気を告知された後、私たち兄弟がどんな反応を示したのかも記されている。いまとなっては、遠いむかしの出来事に感じる。

二〇二二年二月十六日(水)

章太郎は心配性で毎日妻にTelをかけてくるらしい。何も手が付けられないとのこと

――心配するな!

二〇二二年二月二十日(日)

江平14時過ぎに「わらびもち」を持ってきてくれる。少し歓談をして帰る。腹の注射あとをスマホで撮り、章太郎へ送信する。

父は何の気なしに書いたのだろうが、二人の兄弟の性格の違いが出ている。兄は毎日のように母に病状を訊ねて、持ち前の心配性をこれでもかと発揮し、ほとんどパニックになっている。弟の江平は病院の近くで「わらびもち」を買い、父の腹の傷を写真に撮り、それを兄に送り付ける余裕を見せている。

ちなみに当日のＬＩＮＥを確認してみると、弟は「抗がん剤の注射痕を見せながら満足そうな岩内義巳さん（69）」と新聞記事風に送ってきている。それを見た私はしばし呆気にとられたが、パンツをずり下げた父の写真をよく見ると何ともおかしく、相変わらずふざけた奴だ、と、笑いながら、内心、気が安らいだのを覚えている。

それで、「元気そうか？」と返信した私に対して、「いや、老いぼれになりつつある」とさらっと返してくるのも、弟らしい。真直ぐすぎる表現だが、嘘でごまかすより、よほどいい。私だったら、「思ったよりも元気そうだ」とか当たり障りのないことを書いて、やり過ごすだろう。父は弟に会うと、きっと心が楽になったはずだ。どこまでも正直な態度で接してくれるからである。

私たち家族の訪問の記録も残っている。

二〇二二年三月二十五日（金）
章太郎一家と会う。妻が病院まで迎えに来てくれる。13時過ぎに家へ到着。2ヵ月ぶり。和豊〜しゃべる・照れる。蒼依〜初対面。握り返す手に力を感じる。夏ちゃんも元気そうだ。章太郎〜学校の自分の部屋に絵が欲しいと言う（田村孝之介がよいのではないかと思う。額を代えて）。病院まで章太郎が送ってくれる（菊水、東札幌のエレベーター乗場を知る。）

二〇二二年九月九日（金）
章太郎一家は11:40（千歳発）のANAで静岡空港へ。妻が9時前に見送りに行った。今日は天気が良く風もないので、よいフライトであろう。次に会えるまで元気でいるようガンバロウ。和豊・蒼依も元気でいてくれ！

父の病気は感染症が命取りになるので、会うのはかなり大変なことだったが、孫の存在は父を励ました。そういえば、当時住んでいた横浜の家に来て、長男の和豊を初めて抱っこしたとき、「生物としての俺の役割は終わったな」と、微笑みながら言ってたっけ。ちなみに、田村孝之介『海の見える丘』は、銀色の額に入って私の研究室に飾られている。

私が父に会いに行くということは、父からすれば私が会いに来るということである。私が父を病院まで送る。それは「病院まで章太郎が送ってくれる」ことだ。私がパニックになっているのも父は見ていたのだろう。私が母に電話で病状を毎日聞いて、母はそのことを呆れながら父に話し、父は妻の話を書き留める。それを数年後に私が読んで、ここに書く。「意味」は一つじゃない。それは巡っている。

手記の最後は、こう綴られている。

二〇二二年十月二十二日（土）

街へ買物へと思ったが、妻と相談し家で大人しく居ることに。昨日と同様〜幾分調子が良いのか〜高橋和巳の『我が心は石にあらず』を読む。梅干しが午前中届くので起きている。郵便局だったので10:30には配達される（ヤマトはほとんど12:00近辺で）。10:30-11:50まで寝る。12:00過ぎに妻が帰る。ニシンソバを作ってくれる——美味い。幌加内そばも良い。

この後、父はコロナ感染が判明し、緊急入院することになる。先に書いたように、骨髄異形成症候群は免疫力が低下する血液の癌だから、感染症は、文字通りの意味で、致命的である。父は誰よりもそのことを知っていたが、手記に遺言めいたことを追記しなかった。でも、毎日の雑感は、父が生きた「意味」を、私に残した。

高橋和巳『我が心は石にあらず』を読んで、少し眠る。それから、母が作ったニシンソバを食べた。美味い。明日死ぬかもしれないが、余計なことは足さない。私たちのことは名前で書いてあるのに、母のことだけは終始「妻」なのが、父らしい。父さん、元気にやってるかい。今度、母さんにニシンソバを作ってもらうことにするよ。

15 母

今回は、母のことについて書く。これまでの連載で、私はずっと父のことを書いてきた。訃報、葬儀、四十九日、初盆、一周忌……。いつも話題の中心は、父である。しかし、先日、この連載を担当している編集者が、母は父の死をどう感じているのかを知りたい、と、率直に言ってきた。なるほど、父が死んでからというもの、札幌で一人暮らしをする母の状態が心配で、日頃から頻繁に連絡をとるようにはしていたが、真正面から母の気持ちを訊ねたことはない。母の気持ちを知るのが怖かったのかもしれない。

北海道の室蘭に母恋《ぼこい》という場所がある。母の生まれ故郷だ。高校生の頃から、私は嫌なことや悩みごとがあると、汽車に乗って母恋に向かった。母が若い頃、何かあると母恋の先にある地球岬に通っていた、というのを聞いて、私も行ってみようと思ったのが、始まりである。

　母恋の駅から地球岬に行くためには、地図から想像するよりも長く――いまは簡単にGoogleが所要時間を教えてくれるだろうが――坂道を登っていかなければならない。タクシーや車を使う人も少なくない。が、高校生の私にはお金もないし、免許もない。だから、母恋の駅から地球岬までは、いつも歩いて行った。

　母恋の駅からしばらく登っていくと、崖と海に囲まれた数々の景勝地に辿り着く。そこには、アイヌの伝説が残っている。案内板によると、トッカリショ（アイヌ語でアザラシの岩）の夜空に二つの月が出た際、アイヌは銀の矢を放って偽りの月を射落した、という。そういう言い伝えに思いを巡らせながら、少しずつ地球岬に近づいていく。タクシーや車を使っていては味わえない独特のイニシエーション。それは、参拝にどこか似ている。

　室蘭観光情報サイト「おっと！　むろらん」によると、「地球岬」の語源は、アイヌ語のポロ・チケップ（親である断崖）らしい。これが、チケウエ→チキウ→チキュウと転訛し、地球岬という当て字が使われ、現在の岬の名前になった。母の生まれ故郷「母恋」にある「親である断崖」。偶然とは思えない結びつきが地球岬と私にはある。そういう不思議な重なりを、一つや二つ、人は持っている。そして、これが思いがけず人を支えていたりもする。地球岬には私一人で訪れるのが習わしだったが、一度だけ、人を連れて行ったことがある。現在の妻だ。結婚する前だったから、あのとき二人は恋人同士。そんな彼女も、いまや二児の母になった。母恋を起点にして色々な想念が交差する。

母の母は、私が生まれてすぐに亡くなった。悪性リンパ腫だった。私は会ったことがあるらしいが、ほとんど記憶にはない。ただ、母と手をつないで、祖母の入院先である札幌鉄道病院（現JR札幌病院）へ行くために、歩道橋を渡ったことは覚えている。たしか、階段の色は緑だったと思う。じつは、これが私の覚えている最初の記憶だ。祖母は発病してから、いつも身体の痛みを周囲に訴えていたので、私たちはイタイイタイ婆ちゃんと呼んでいた。誰が言い始めたのかは知らないが、こうやって文字にしてみるとすごいネーミングである。イタイイタイ婆ちゃん……。

父の母が亡くなった際、父は柩の横に布団を敷いて、最後の夜を過ごした。ミスタードーナツのチョコファッションが好きだと言ったら、家に来るたびに大量のチョコファッションを買ってくる祖母だった。いつも有り余るお小遣いをくれて、小学生のときなんか、実家のマンションを月に一度こっそり訪れ、その度に私へのお小遣いを物置に隠していったくらいである（この密約のことは、祖母と私以外、誰も知らない）。そんな優しい祖母はアルツハイマー型認知症にかかり、私のことを父の名前で呼ぶようになった。苦労しながら女手一つで育て上げた末っ子の顔が、孫の私によく似ていたのかもしれない。

誰かが存在するということは、その子を生んだ親がいて、誰かの生があるということは、必ずそこに死もある。生と死のバトンを渡しながら、親子はリレーする。子どもが親を失うこと、夫婦が配偶者を失うこと、親が子どもを失うこと、兄弟や姉妹を失うこと。それが同一人物の死であったとしても、その関係性によって各々に異なる感情と意味をもたらすだろう。

私は父の喪失を母と共有している。しかし、やはりその受け止め方には——ある場合には、決して埋められない——違いがある。

かなしみのそれぞれ

二〇二四年八月二十三日、札幌の豊平にある「晩酌屋　さんすけ」で、母と酒を飲んだ。その日、母は仕事だったので、到着したのは二十時半頃。私が札幌で暮らしていた時分には、母は専業主婦をしていたので、母の仕事が終わるのを一人で待つというのは、新鮮だった。と同時に、こんなふうに毎日を過ごしているのか、とも思った。

いつもは父のいない家に一人で帰って、一杯やるのだろう。知っていたはずなのに、見て見ぬふりをしていた。母の孤独をどう扱えばよいのか、それが分からなかったからである。

二人でビールを飲みながら、私はこう切り出してみた。

「この一年半くらい、俺は自分の気持ちを『群像』で書いてきたけど、それは母さんのとは違うでしょ、やっぱり。どういう部分が違う？」

母はちょっと考えて、真っすぐに答えてくれた。

「一つはさ、息子が親を亡くす立場と、妻が夫を亡くす立場とでは、明らかに関係性の年数が違うしょ。お母さんは一人になる。あんたは家族がいる。その違い。で、章太郎はお父さんが死ぬまで、離れて暮らしていたわけだから。長い年数があれば思い出がたくさんあるかといえばそうでもないけど、日常を一緒に暮らしていたからさ。思い入れは違うわね」

たしかに、私には妻と二人の息子と猫がいる。それが私のリアリティである。だから、これまでの連載で時折、私は家族の物語を挟んできた。一方では、家族との生活に気が紛れて、助かっている。他方では、そうであるがゆえに、父親のことをうまくかなしめない自分もいる。母は、次のように話を続けた。

「江平（私の弟）と章太郎も違うと思う。お母さんが自分の母親を亡くしたときにさ、じゃあ、まぁちゃん（母の妹）と私が同じだったかというと、やっぱり違う。私は家庭持ってたし。まぁちゃんは一人だったから。お父さん（母の父）の気持ちもまったく違っていただろう、と思う。でもあのとき、お父さんの気持ちを察せなかった。お母さんは子どもとしての立場だったから。その辺は感じるよね。あー、あのとき、お父さんどういう思いだったのかな、と。ただその、江平の場合、職場の同僚に『お父さん亡くなったって聞いたけど、大丈夫かい？』って言われたとき、『何が？』って言ったってさ。でも、その『何が？』の中には逆の思いもあるわけでしょ。そんな同情なんかしてくれるな、という。江平は違うところで深くかなしんだと思うよ」

祖母が亡くなったとき、母と叔母は母親を、祖父は配偶者を亡くしたのだが、その事実が持っている意味は、それぞれ違う形をしていた。母は自分の夫を亡くして初めてこのことに気づいたという。「あのとき、お父さんの気持ちを察せなかった」、と。親しい人の死を経験すると、その出来事が持っている意味を「かなしい」や「喪失」という言葉で一緒くたにしがちだが、人によって感じ方や受け止め方は異なる。生前の関係性や置かれている状況が違うのだから、冷静に考えてみれば、これは至極当然のことである。

父の死について、弟とはあまり話したことはない。そういうことを語りたがる奴じゃないし、何でもかんでも語ればいいってもんでもない。それに、語らないのは、必ずしも語ることがないからではないだろう。心の中に思いがあっても、それを表に出さない人はいる。それでも、弟は私の書いたものを読んで、今回のはよかったんじゃないか、と、たまに言ってくれる。私はそのコメントに助けられている。

母と叔母の間に、祖母の死の受け止め方の違いがあったように、私と弟の間にも、きっとそれはある。それが何なのかを具体的に突き止められなくても、その差異を感じられるようになることは、父の死後、一緒に生きていく上で、大切であるような気がする。遺された家族の絆を強くしなければという思いから、父の死の意味を共有しようと努めてきた節が私にはある。が、じつはその違いをそのままの形で認め合うことが、父がいない新しい家族関係の自然な姿なのかもしれない。

日常

私の場合、父を失っても、やるべきことはそこにあった。かなしい。眠れない。モチベーションが維持できない。心の調子が悪い。一つのことに集中できない。だとしても、とにかく仕事は目の前にあり、それに追い立てられながら過ごす日々である。誰かに言われるがまま、無心で片付けていく。ゼンマイ仕掛けの自動機械のようになっている私を支えたのは、同じような状況に立たされたとしても、父ならきっとこなしていくはずだ、という生前の父のイメージだった。この父親像を反芻しながら、私は生きていたのである。

たとえば、大学のテニュア審査。父が死んだからといって、延期はできない。テニュア審査に通るためには、業績が必須。だから、論文を書かねばならない。あるいは、子育て。私だけなら毎食インスタントラーメンで済ますこともできるが、子どもがいたらそうはいかない。父がいなくなっても、私の世界にはやるべきことのリストがあって、それに優先順位をつけながら——父の喪失を置き去りにして——こなしていくしかない。そして、「父さんならこんなことはやり遂げるぞ」と、自分に言い聞かせてきた。

「分かるよ。お母さんだって、お前（まだ小さかった私）にごまかされたからね。お父さん（私の父）のご飯支度もしなきゃいけない。そんなんで、ごまかされてしまって、長引いた。かなしみが」

かなしみが長引いた、という母の言葉は、よく分かる。かなしみが忙しさでごまかされると、生活の波に乗ることで心がちょっとは楽になる。しかし、自分の感情を直視していないので、それはどこまでも心の隅に残り続ける。そうして、かなしみが、いわば膿んでくる。その分だけ、治るのが遅くなる。

では、母はどういう思いで父の死と向きあってきたのだろうか。

「母親がいなくなったときには、毎日かなしむというよりも、ふっとしたときに思い出すという感じ。いまはやっぱり、うーん何ていうのかな、自分の気持ちの中でお父さんに対して自立していると思ってた。経済的なこと以外は。あー、だけど違ったんだな、と。この日常っていう人間との関係性って、これほど深いものなんだな、ということを実感したよね。自分のお母さんが亡くなったときには、それを感じなかった。思い出だけよ。お母さんと私の思い出が、ポンポンポンポンって浮かんでくる。でも、いまはお父さん、毎日いないわけだから。これはおっきな違いだよね」

私には日常（仕事と家族）がある。それが生活のリズムをつくりだしていく。私の思いとは無関係につくられるこのリズムは、もちろん一概によいものだとは言えない。が、日常とともにあるかなしみと、日常を持たないかなしみでは、そこに生じる情動の質がまったく異なる。日常を持たないかなしみは、静かで深い。出口がない。母は「日常」を失って、父がいない家に閉じ込められた。私はこのことに気づけなかった。

たしかに、父のことを書くときには、つねに私の心は過去の思い出に向けられてきた。聖橋で待ち合わせて飲みに行ったこと、札幌の街を家族で歩いたこと、口論から大喧嘩に発展したこと……。母が言うように、そういうむかしの出来事がポンポンポンポン、と浮かんできて、それを書いてきた。しかし、現実の生活には妻がいて、子がいて、猫がいる。大学の同僚や学生がいる。周囲の関係性が否応なく私の日常を継続させてきた。父の病気が分かったときの動転、一年間、訃報を待ったこと、それから、葬儀が終わってからの一年半。正直、辛い時間だったが、それは日常という背景に支えられていた。

ところが、母の日常は父である。母にとって父がいなくなる、ということは、日常がなくなる、ということを意味した。母の喪失を支える背景は存在しない。母にとって、父の不在は、日常のない生活を続ける、ということだったのである。

ふりかえりたくない

父が記していたように、骨髄異形成症候群を患うことは父の人生プランに入っていなかった。六十五歳で退職して一年間は燃え尽き症候群になり、そこから気を取り直して、また新しく生きる目標（創作）を立て、手記をつけ始めた。ところが、六十九歳を目前に件の病気が発覚し、七十歳の誕生日に死ぬことになる。ようやく労働から解放されて、やりたいことができると思ったら、まともに生きられたのは三年間（二〇一九年〜二〇二一年）である。

もちろん、その三年間で父は旺盛に活動した。国内の一人旅に随分と行った。詩集をものすごい勢いで買って、読んだ。分厚い文学（たとえば、『魔の山』や『白鯨』）に、目標期間を決めて取り組み、期限までに読了したら、「読み終わったぞ」と、母に自慢していたらしい。

ちょうど私のデビュー作『新しい哲学の教科書』が二〇一九年、次作『〈普遍性〉をつくる哲学』が二〇二一年に出版されているから、父は私の本もこの三年間で何度も読んでくれた。何度も読んだことが分かったのは、父の死後、書斎から私の本が見つかり、それが黄色いマーカーの線だらけだったのと、紙が擦れていたからである。父の本棚からは、私が執筆のために使用した参考文献も大量に見つかった。私の仕事を理解しようとした形跡がいくつも残っているのを見て、もう書いたものを読んでもらうことはできないんだな、と、父の不在が身に染みた。

テレビのニュース番組をこれでもかと批判していた父、芋焼酎のお湯割りを飲みながら、ヒラメの刺身を美味そうに食べていた父が、ある日突然、骨髄異形成症候群に罹る。一年の闘病を経て、あっけなく死ぬ。母曰く、「似合わないよね、ふざけてんのかい。でも、割と迷惑かける時間も短かったし、迷惑かける人も少なかったから、すごいよね。潔く死んじゃったよね」。

　煙草の煙を深く吐き出してから、母はこう告げた。

「やっぱりまだ、ふりかえりたくないな、って感じなのよ。もうすでにふりかえってるでしょ、あんたは」

「うん、ふりかえってる」

「お母さんはまだまだふりかえりたくない」

「なんで？」

「うーん、自分の生活が安定してないから。日常がないから、かなぁ。なんかね、総括したくないわけよ、まだ」

「できないわけだよね、まだ。俺の場合には、さっきの話だけどさ、記憶の断片をつなぎあわせて、あれって何だったのかな、と考える。そして、和豊と蒼依を何とかしないとっていうのがある。そこからバイタリティーが湧いてくる」

「いまはね、章太郎には分からないと思う。分からない方がいいよ」

母は話を続けた。

「あのね、なんだろう。自分の母親は死なないものだと思ってた。何だかよく分からないけど。子どもとして。絶対に死なないって。三十一歳くらいのときかな。死なないって思ってたのよ。だけど、死んじゃった。でも、私には家族があった。まぁちゃんもいた。お父さんもいた。いまだってさ、夫いなくなっても子どもたちはいるわけだよね。夏ちゃん（私の妻）や孫もいるし。でも、いないと同じなんだな。うーんだから、一人で生きていくぞ、っていう、そういうものと、現実は一人で生きていけないかもしれない、っていう、葛藤がかなしみに拍車をかけているのかな。一年半経って、やっぱり。死んだ当初は、過活動だったから。家にいたらもう駄目だったから。外へ外へ、それで何となく保ってたけど。いまちょっと落ち着いて。いや知ってたんだよ、自分が過活動だよなって。子どもたちは結婚しているんだから、自分の人生を考えていかなければならない。でも、それにはあまりあるんだな。すぐには解答がないわけだ、自分の中で。こうやって生きていけばいいんだ、こうやって生きていけば楽しいんだって。そういうものが確立されていないわけだよ。これからなんだよ。章太郎も江平も色々あるけれど、お前たちはお前たちでやっていけ、と。お前たちのことは心配ではあるけど、自分を優先して考えていかないとなっていう状況。現在の心境だね。自分の人生って何なんだろうなってことを考える、そういう時期かな」

家族って何だろう。生まれてからは、母と父と弟。結婚してからは、彼らに加えて、妻と子と猫。「章太郎には分からないと思う。分からない方がいいよ」と、母は言う。父を失い、母は日常をも失った。父の死は母の現在に属している。そして、母の現在のほとんどを父の不在が占めている。このことの意味を私はうまくつかめない。私の現在には、家族がいるからである。

もちろん、私や弟は、いまでも母の家族である。私の妻や子もいる。にもかかわらず、母の二人の息子はそれぞれの日常を歩んでいかねばならない。だからこそ、母は「こうやって生きていけばいいんだ」という感覚を自分で取り戻そうとしている。大人になった私たちの世話を焼く必要はない。自分の人生をどうしたいのか、という問いに、切実さが出てくる。まだ、父の死を総括したくないのだ。

私は途方に暮れる。無力感も覚える。「母さんのことは任せて」と、病室で父に告げたことが思い出される。それでも、これはきっと母の問題で、私にどうこうできることではない。たまに電話をして、年に何回か家族を連れて、札幌に帰る。私にできるのは、せいぜいそんなところだ。

私は小さい頃から何でも母に話す方だった。学校への不満、テストの出来、部活の揉め事、恋愛――母は何でも聞いてくれた。どうしてもうまく行かないときは、札幌駅からJRに乗って母恋に向かった。地球岬を眺める頃には、大抵の場合、問題の半分は解決していた。岬に続くあの坂道が、物事の正しい順序を見つけてくれるのである。帰りはぐるっと回って、海を見ながら室蘭駅まで歩く。それは私にとって、いつかの母が通った道で、母の母が見た景色でもある。

いつか母を失ったら、私はどういう気持ちで母恋の地を訪ねるのだろうか。いや、違う。母の現在に近づくのは、こういう問いである。いつか妻に先立たれたとして、私はどこに行けばよいのだろうか。居場所もない、行く当てもない。ただ、そこにいるべき人の不在だけがある。たぶん、これが日常を失う、ということだ。想像はできる。しかし、やっぱり、いまの私にはうまくつかめない。「分からない方がいいよ」と、ちょっと寂しそうで、でも息子の幸せをこれまで通りに願う、母の声がする。

16 献杯

最終回である。二〇二三年九月号から今号（二〇二四年十二月号）までの全十六回、父の死をライトモチーフにしてエッセイを書いてきた。連載開始以前、二〇二三年六月号に寄稿した「訃報を待つ」という短いエッセイも合わせると十七回分になる。一回あたり原稿用紙十五枚から二十枚くらいだから、それなりの分量である。

これまでの連載を通読してみると、父の死をめぐる一連の出来事（訃報、葬儀、初盆、遺品整理、一周忌など）に際した私の率直な思いが綴られており、この一年半くらいの間に生じた自らの心境の変化に、改めて気づかされる。それは些細なものではない。私の、あるいは、私の哲学の核心に触れるものだ。

第1回「十円玉と骨」に、私はこう書いている。

> それでも、数ヵ月前に死んでしまった父のことを書いてみることで、少しずついまの状況を受け入れられるようになるかもしれない。もしかしたら、死の意味についても、ちょっとは理解が深まるかもしれない。そもそも私が哲学の道に入ったのは、人はみないつか必ず死ぬという当たり前の事実が嫌だったからなのである。

言うまでもなく、そんなにうまく事は運ばなかった。こうして最終回を迎えても、現実には父の不在を受け入れられていないし、時間が経てば経つほど、父の死はむしろ捉えどころがなくなった、とさえ感じるのだから。たしかに、父の死が自分の生の一部になったという意味では、私はそれと共に生きている。だが、それは、いわば慢性的な疾患を抱え込んでしまった、ということでもある。

しかし、私と死の間の溝は、別の仕方で埋まった、とは言えるかもしれない。というのも、私の死の不安は、いつもその中心に、ある種の得体の知れなさが蠢いていたが、死は生の自然であり、まさに当たり前の事実である、ということが、最近になって、ようやくつかめたような気がするからである。ただし、これは先の引用で私が述べていた「当たり前の事実」とは若干意味が異なる。

私は以前、死という当たり前の事実を「必然」の意味で考えていた。しかし現在は、それを人間の「自然」だと感じている。死は生の必然である、とは、いつか必ず死ななければならない、ということだ。死は人間が歩いていく暗い道の先に待ち構えている〝崖〟のようなものであり、しかもそれがどこにあるのかは絶対に分からない。この根本条件は、人間の生にとってどういう働き方をするのか。私の問いはそういうものだった。

ところが、いまの心境は、死は生の自然である、というもの。必然と自然。似ているが、その語感はちょっと違う。必ず死ななければならないという観念と、おのずから死にゆくものだという観念は、死を避けられないものとする点では同じである。ただ、前者には、死への抵抗の気分がどことなく伴うのに対し、後者にはそれがなく、生と死を一つのものとみなす心持がないだろうか。死は自然の事実にすぎない。それは、論理的なものというより、動物的なものだ。

むかしの私は、「人はみないつか必ず死ぬという当たり前の事実」が嫌だった。それは当たり前の事実を「必然」の意味で受け取って、それに抵抗していたからである。いまの私は、「死は生の自然であり、まさに当たり前の事実である」ということに、気づいている。死は、おのずからそうなっている、ということにほかならない。人間はありのままで死んでいく。生前の父の姿、変わり果てた父の遺体、父がいない世界で生きる私と家族……。これらのことを記していくうちに、いつの間にか、私は死を生の自然とみなす心緒を手にしていた。

自分の書いたものを読んで気づいたことが、もう一つある。それは、私は父についてのエッセイを書きながら、それを父に向けて書いてもいた、ということである。父は、この連載の主題でありながら、読者でもあった。私は父に、父を失った後、私がどう生きようとしているのかを、月に一度、報告していた。だから最後は、父への手紙を書いて、この連載を締めくくりたい。

＊

父さんへ

お元気ですか。死んでしまった人にこんなことを書くのも妙ですが、やはり元気でやっているのかが気になります。たまに夢に出てきてくれるので、一緒に酒を飲んだりできますが、朝起きると急に現実に引き戻され、しばし茫然とします。でも、深く眠っている子どもの顔を見て、自分の日常を思い出し、慌ただしく出勤する日々です。

『群像』の連載、おかげさまで何とか最終回を迎えました。正直、当初想定していたよりも、はるかにきつかったです。月に一度、父さんのことを書く。やっているのはこれだけのことなのに、一文一文書くたび、父さんがこの世界にはもういない、ということを実感します。私の文章は、どうでしたか。私としては、父の死という深刻な話題でも、ユーモアを忘れずに書けたのが、中々よかったのではないか、と思っています。あと、一回も休載することなく書けたのは、褒めてあげたいです。まぁ、実際には編集者の力が大きいですが。

「エッセイにしては、ちょっと私小説っぽくないか。もう少し軽いタッチで書いたらいいんでねえのか。まぁでも、こんなエッセイばっかり書いてないで、学術的な仕事をした方がいいと思うぞ」――もし読んでくれていたとしたら、こんな感じでしょうか。いつものように、皮肉と激励が混じり合った感想を聞いてみたいです。

これまでにも本や論文を書いてきましたが、この連載は私の仕事の中で異色のものになりました。それは、この連載が、エッセイという、私にとって不慣れな形式で書かれている、ということだけではありません。文章の読まれ方の本質がいつもと違うのです。

書き始めた頃、この連載の主な読者は、家族だと思っていました。死んでしまった父さんに、負けずに頑張っていることを伝えたい。札幌で一人暮らしをする母さんに、月に一度、『群像』を送って、自分がいまどんな感情を抱いているか知ってほしい。仕事に追われている弟の江平に一息ついてもらい、あいつならではの感想をもらいたい。一緒に暮らしている夏子と、口にはなかなか出せない思いを共有したい。和豊と蒼依がいつか同じような経験をしたとき、これを読んでくれるだろうか……。

しかし実際には、はるか遠くの人びとに届いていました。当たり前ですよね、『群像』に書いているのですから。友人の家に遊びに行くと、分厚い『群像』がこれでもかと並んでいました。配偶者を亡くされた著名な小説家の先生から、励ましのメッセージをいただきました。親との死別を経験した旧友は、「章太郎、このエッセイを書いてくれてありがとう」と連絡してくれました。岡山に住んでいる読者の一人は、お父様の一周忌を迎えるにあたり、私にお便りをくれました。そこには、『星になっても』を読んで、「父の死という苦痛がひと時和らぎました」とありました。

こうやって励まされたり、感謝されたりしたことはありません。私の書いた文章を通して、切実さと切実さがつながっていくような、そんな特別な体験でした。読者のみなさんに深く感謝しています。父さんからの最後のプレゼントかもしれません。実際、葬儀の直後に『群像』編集部からエッセイ執筆の依頼があり、ただかなしんでいないで、何か書いてみたらどうなのよ、と、叱咤激励する父さんの顔が思い浮かんだのです。

そうそう、父さんが死んでから、生き物に囲まれて暮らしたい、と思うようになりました。やたらと不完全で脆く、それぞれ奇抜な生存戦略を持ち、しかもときどきそれが仇にさえなる。うまくやっていると思っていたら、突然パタッと死んでしまう生き物たち。私と彼らの間には、ある種のコモンセンスがあるようです。

アメリカンビーバーは、ダムをつくることに全身全霊を懸けています。蟬は日目を見たら、命をすり減らしながら鳴きます。コアラは栄養価の少ない有毒のユーカリの葉を食べて、その解毒と消化、そして、エネルギー節約のために、一日の大半を寝て過ごすらしいです。自己を保存して、子孫を残すだけなら、もっと上手いやり方があるような気もしますが、そうやって妙なことに全力で取り組んでいる生き物たちを見ていると、どうせ生きるなら竹刀ではなく真剣を持った方が楽しそうだ、ど、自然に思えるのです。

ご存知のように、私は死の不安から哲学の道に入りました。父さんの本棚にあったハイデガー『存在と時間』に魅了されたわけです。しかし、実際に父さんの死を目の当たりにして、こればかりは頭で考えているだけではいけないな、と、よく分かりました。生《なま》の死には、絶対に越えられない一線、どうしようもなさやあきらめが伴います。私が死んでしまうことも、大切な人が死んでしまうことも、決して止められません。個人の感傷などお構いなしに、生と死のサイクルは続きます。

生と死の根拠を頭で論理的に考えようとすると、やはりそれは偶有的事実としか呼べないようなものであって、端的に言って不可解ですが、そういう一回性を生き抜こうとする姿は不可解ではありません。むしろ、そこに、この世界のすべての「よさ」の源泉があるような気さえします。

父さんの背中を覚えています。まずは、高校へ行くために豊平橋を渡っていたら、少し前に家を出た父さんが橋を渡り終えようとするところ。雪景色の中、黒いロングコートの襟を立て、鞄を右手に持って、足取り早く会社に向かう父さんの背中は、ザ・サラリーマンという感じがして、かっこよかったです。それから、東京で飲み終わり、滞在先のホテルに戻るために聖橋を渡っているところ。飲みすぎてフラフラ、千鳥足になっている父さんの背中を、江平と二人で笑いながら見ていました。

ちなみに、御茶ノ水駅の聖橋口は改装されて新しくなった、と、この間、江平に教えてもらいました。東京に来たときの待ち合わせ場所だった聖橋口を見て、父さんのことを久しぶりに思い出し、地下にあるいつものヱビスバーで昼間から三杯献杯したとのこと。献杯にしては、飲みすぎですよね。でも、元気に暮らしている証拠です。

よく父さんと母さんは、どっちが早く死にそうか、という話題で論争していましたね。父さんは「俺の方が早く死ぬ」、といつも言い、母さんは「あんたみたいなやつは長生きする、美人薄命って言うでしょ。いまのうちに子どもたちと仲良くしておいた方がいいよ、あいつらに何されるか分からないよ」、と言い返していました。江平とは、父さんがひとり生き残ったら、問答無用で老人ホームに入れよう、と、ふざけて話していましたよ。

それがこれです。骨髄異形成症候群なんていうよく分からない病気になって、たった一年の闘病で逝ってしまうなんて。母さんは、まだふりかえりたくない、と言っています。父さんのいない日々の中で、日常を取り戻すことができていません。時間がかかりそうです。いや、どれだけ時間が経っても、ダメなのかもしれません。

横浜で和豊が生まれたとき、これから章太郎も父の重責を背負って生きていくんだな、というメールをくれました。覚えているでしょうか。私は父親らしくなってきましたか。たとえば、車内でフロントガラスにウォッシャー液を出して子どもを笑わせているときや、夏の公園で虫採りをしているときに、父さんとの記憶が脳裏をよぎります。雪の降りしきる中、一緒にタイヤ交換したのを覚えていますか。

そういうとき、自分の感傷を紛らわせるため、和豊と蒼依にこう自慢したりします。「札幌のじいじの虫採りはすごかったぞ。抜刀術のように身構えて、オニヤンマが飛んでくるのをじっと待っているんだからね。オニヤンマは同じルートを飛んでくる。だから、追いかけるのではなく、こうやって待ってるんだよ」。

太陽が照りつける中、一つの身動きもせず、滝野すずらん丘陵公園の水辺で虫採り網を構えていた父さんの姿と、あの速くて大きいオニヤンマが網に入ったときの驚きは忘れません。ちなみに、一子相伝は失敗に終わり、私はギンヤンマもオニヤンマも捕まえられません。赤とんぼくらいが関の山です。二人の孫にじいじの虫採り抜刀を見せてあげたかったです。和豊は五歳、蒼依はもうすぐ三歳になります。

最近、和豊は「人間はどうして生まれたのか」を訊ねてきます。しかも、自分が生まれた理由ではなく、人間という種全体、一番初めの人間はどのように生まれたのかを知りたがるのです。哲学や文学では食べていくのが難しいので、できればエンジニアとかになってほしいのですが、問いの立て方が父さんや私によく似ています。

蒼依はベラベラと話すようになりました。幼稚園では一番小さいのに、上級生に食ってかかります。道端の人を見て、「見るんじゃない」と言ったりもします。一度怒り出すと、簡単に機嫌を直してはくれません。こちらが懐柔しようとすると、なめるなよ、と、さらに怒りが高まります。なかなか見どころのある男です。

章太郎から手紙をもらうときは、ろくでもないことが多いからな——コロナ感染が判明して、豊橋から札幌の病院に手紙を送ったとき、父さんは母さんに言ったらしいですね。たしかに、背水の陣で入学した大学院をたった一年で退学するときに、手紙を書きました。二年近く秘密にしていた婚姻の事実を報告するときに、手紙を送りました。父さんの言う通り、私が手紙に書くのは、ろくでもないことばかりです。

また会いたいです。遠くから見ていてください。『星になっても』が終わっても、父さんの死が終わるわけではありません。くれぐれも、体に気をつけて。いつか乾杯できる日まで、お元気で。

追伸　江平に、父さんの夢をときどき見る、という話をしたら、「見たことないわ。そのうち夢の中で襲われるぞ、フレディみたいにな」と言われました。あと、酒棚に残されたブランデーは、帰札のたびに、飲んでいます。報告が遅くなり、申し訳ありません。

——二〇二四年十月二日　章太郎

二〇二三年
三月三十日

訃報を待つ

入院が決まってからちょうど一年間、父は骨髄異形成症候群という難病と闘い、二〇二三年二月七日十時五十六分、七十歳の誕生日に死んだ。最期は急性骨髄性白血病への移行が認められた。私は自宅のある豊橋で父の訃報を母から伝えられ、やり場のない思いを札幌の病院のベッドで横たわっているであろう父の亡骸に馳せたのである。

だから、私は一年間、父の訃報を待っていたことになる。しかし、人間は必ず死ぬのだから、よく考えてみれば、私は父の死を三十六年間待っていた、とも言えるのかもしれない。それでも、健康診断で貧血の診断を受け、精密検査をして先の病気が判明してからの一年間は、父にとっても私にとっても、母にとっても弟にとっても、死を待つ特別な一年間だったはずである。端的に言えば、辛い一年だった。

一歳と三歳の息子を連れて豊橋から札幌に行くのは、それなりの準備と覚悟を要したが、妻は愚痴もこぼさずすべての準備を整えてくれた。長男は豊橋駅に向かう途中のタクシーで、いつか自分も死んでしまうのか、と、私と妻に訊ねた。不安そうな顔をして、自分は死にたくない、とも言った。札幌の月寒の葬儀場には大人数が寝泊まりするための広い畳の部屋があり、そこで次男は地道にトレーニングを重ね、葬儀が終わる頃には歩けるようになった。

死にゆく父の傍らで、二人の兄弟は精神的にも肉体的にも成長していく。その光景を見て、私は、息子の父としてうれしくもあり、父の息子としてかなしくもあった。何となく、生と死の間に挟まれたような、そんな気分だった。いつ来るかも分からない父の訃報を待ちながら、私は、半分大人で、半分子どもで、誰もが青年期に感じる居場所のなさに似た感覚を久しぶりに味わったのである。

待つとはどういう体験なのだろうか。ベルクソンは、砂糖水をつくりたいなら、砂糖が溶けるのを待たなければならない、と書いていたが、ここに表現されているのは、砂糖水をつくりたいという欲望が待つという内的な時間性をつくりだす、ということである。しかし、父の訃報を待っていて気づいたのだが、むしろ人は何かを待つことによってそれを求め始めることもある。

一方では、父の死をできるだけ先延ばしにしたかったが、他方では、父の死を待つことで、その到来をどこかで待ち望んでいる自分を見つけてしまうのである。この不謹慎な事実をうまく処理することができず、私は人間の心の機制に戸惑った。時々、自分が何を待っているのかが分からなくなった。

数年前、私の恩師がサミュエル・ベケット『ゴドーを待ちながら』に言及していたのをきっかけに、久しぶりに文学を読んでみた。が、この本のどこに人間の不条理があるのかを理解できない。もっと正直に言えば、どう読んでいいのかすらも分からずじまい。意味不明の最高傑作である。

しかし、その時に分からなかったことで、少し分かるようになったことがある。それは、待つというのは一種のBGMみたいなもので、待つことそのものを体験し続けるには限界がある、ということである。たとえば私の場合、日清カップヌードルにお湯を入れて出来上がるまでの時間くらいであれば、待つことそのものに集中することもできるかもしれないが、日清どん兵衛になったら無理な気がする。三分と五分。たった二分の違いだが、待つことそのものを持続させるのは案外楽ではないのだ。

以前『ゴドーを待ちながら』を読んだ時には、どうしてもゴドーが何者なのか、それが何のメタファーなのかが気になってしまったが、じつはあの物語は、その名の通り、待つことを書いているのであって、それは演劇上の一つの「設定」なのだという当たり前の事実に、ようやく思い至ったのである。待つということは、まさに何かを待ち始めてからその到来までの時間意識を間延びさせる設定にほかならない。その特殊な時間性の中で私たちは、他のさまざまなことに興じるのである。

いまかいまかと父の死を待つ時間性の中で、私は食事し、おしゃべりし、研究し、バラエティー番組を見、家族と寝る。しかし、何をしていてもそこに流れているＢＧＭは不穏なリリシズムを失わず、私の一年間の気分に影を落としている。それがこの一年の舞台設定なのである。それが訃報を待つということなのである。

葬儀の朝、父が病室で使用していたという電気剃刀を使って髭を剃った。後半は自力で動くこともままならなかった父の顔が、湯灌の儀式の際に綺麗だったのは、死ぬ前に何とか自分で髭を剃ったからである。

私は近視なので、剃刀を使うときにはまず、顔を洗って全体を適当に剃り上げた後、眼鏡をかけて鏡の近くで残った髭を剃るのが習慣になっている。葬儀の朝、眼鏡をかけて鏡を見たら、自分の顔が真っ黒である。顔を洗うこともできなかった父の皮脂や汚れが剃刀にそのまま残っていたのだ。これが父の苦しみなのだと思った。でも、これが父が最期まで頑張って生きた証なのだと思った。

現在、四十九日の法要のために、札幌に帰省している。そういえば、父は坊主が嫌いだった。線香の匂いも嫌いだった。好きでもない坊主に供養されながら、父はきっとそっぽ向いて寝ていることだろう。もしかしたら、悪態をついているかもしれない。しょうがないよな、そういうもんだから。

待つことを終えて、私はかなしいだけ。自宅に戻る頃には、豊橋公園の桜は散り始めているだろう。豊橋は風が強い街だから。一番の読者だった父がこの文章を読むことはもうない。

おわりに

臨終の間際、父は、頭を洗ってほしい、と、身振り手振りで母に訴えたという。コロナ禍での入院中、たった三十分だけ許された面会時間を使って、母に頭を洗わせていた父は、いよいよ死が目の前に迫ってきても、よほど頭の不快感が気になったのだろう。ちなみに、「訃報を待つ」にも書いたが、父は死ぬ前に自力で髭を剃っていたので、湯灌のときの顔は綺麗だった。頭を洗い、髭を剃る。身体の至るところに苦痛があるにもかかわらず、そうやって死のうとした父を、私は忘れないと思う。

「死にたいのかい」。母がそうたずねると、首を何度か縦にふったらしい。最期は母と二人きりの病室で、母の顔を見、それから病室の天井の隅に視線を移し、逝った。そのとき、弟は病院近くの喫茶店でサンドウィッチを食べていた。私は研究室で札幌に戻るための飛行機を予約していた。二人とも、母から電話をもらい、「お父さん、死んじゃったわ」という事実を告げられたのである。こうして、私は父の死を生きることになった。

本書は『群像』での連載を一冊にまとめたものである。月に一度、父のことを書くのは、予想していたよりもずっと、心身に負担のかかる作業だった。それは、単に毎月の締め切りに追われる、ということだけではない（正直、それもきつかったが）。アイディアを練って、原稿を書いて、ゲラの校正をして、校了するまでの時間、私は父の不在に対峙しなければならない。これが書くことそのものよりも苦しかったのである。

しかし、もし、あのとき連載を断っていたとしても、この作業はたぶん、いつかどこかでやらねばならなかったものだ。やってよかった、と、いまは思う。おそらくこれから同じことについて書こうとしたら、さまざまな記憶が混じりあい、内容や構成は別ものになる。もちろん、はやく書いたからよい、というわけではないが、このエッセイはこのときにしか書けなかったのは間違いない。

私は、プロのエッセイストでも小説家でもない、いわば創作の素人である。そんな私の書いたものが、こうして一冊の本になったのは、講談社の群像編集部をはじめとするチームの力が大きい。改めて、本書の刊行に携わってくださったすべての方に深く感謝したい。

特に講談社の大西咲希さんは、『現代思想』に寄稿した私のエッセイ（「私の哲学遍歴」）を読んで、今回の企画を立ち上げてくれた。もちろん、偶然のタイミングだったには違いないが、しかしそうであるからこそ、そこに運命的なものも感じる。弱音を吐きながら書く私と一緒に考え、最後まで辛抱強く伴走してくれたことに、感謝したい。

また、桝井大地さん、松永敦子さん、今内彩花さん、シェリーさんは、父の死という私の個人的な体験を分有し、励ましてくれた。闘病中、父には親しい人たちから手紙が届いていた。私にもそんな友人ができたのかもしれない。本当にありがとうございます。

最後に家族。母と弟は父のことを執拗に書き続ける私に半ば呆れていたかもしれないが、それでも読み、感想をくれた。二人の存在がなければ、この本は完成しなかった。そして、妻の夏子、和豊と蒼依、それから猫のシェーラー。私のそばにいつもいてくれて、ありがとう。何とかやってこられたのは、みんなのおかげです。

岩内義巳との激闘の日々に、本書を捧げる

二〇二五年二月七日　岩内　章太郎

初出

第1回〜第16回
『群像』2023年9月号〜2024年12月号

「訃報を待つ」
『群像』2023年6月号

書籍化にあたり、加筆修正をおこないました。
「はじめに」「おわりに」は書き下ろしです。

岩内章太郎

いわうち・しょうたろう

1987年、札幌生まれ。
豊橋技術科学大学准教授。
早稲田大学大学院国際コミュニケーション研究科
博士後期課程修了。博士（国際コミュニケーション学）。
専門は現象学を中心にした哲学。
著書に、『〈私〉を取り戻す哲学』（講談社現代新書）、
『新しい哲学の教科書――現代実在論入門』（講談社選書メチエ）、
『〈普遍性〉をつくる哲学――
「幸福」と「自由」をいかに守るか』（ＮＨＫブックス）がある。

装幀・装画
鈴木千佳子

星《ほし》になっても

2025年4月21日　第1刷発行

著　者　岩内章太郎《いわうちしょうたろう》

©Shotaro Iwauchi 2025, Printed in Japan

発行者　篠木和久
発行所　株式会社講談社
〒112-8001
東京都文京区音羽2-12-21
電話　出版　03-5395-3504
販売　03-5395-5817
業務　03-5395-3615

印刷所　TOPPANクロレ株式会社
製本所　株式会社国宝社

ISBN　978-4-06-539136-5

KODANSHA